Callwey

Simon Fletcher

DAS PASTELL

MALEN MIT REINER FARBE

CALLWEY

Mit herzlichem Dank gewidmet:

Michou & A., H. Janssen, Dr. R. Hartmann, Rudolph & Andrea,

Norrie, Angelika & Marlise, Jürgen & Nadine, MEF, Gerry, Rasso & Peggy,

'M'ai D'oc, und ganz speziell Julie

Übersetzung aus dem Englischen von Andrea Hölzl, München

Die Deutsche Bibliothek – CIP-Einheitsaufnahme
Fletcher, Simon:
Das Pastell: malen mit reiner Farbe / Simon Fletcher. [Übers. aus dem Engl. von Andrea Hölzl]. – München: Callwey, 1997
(Callwey creativ)
ISBN 3-76671262-4
NE: HST

Einbandgestaltung Bernd Wegener, Berlin, unter Verwendung der Abbildung 92
Satz Filmsatz Schröter GmbH, München
Lithos Fischer Repro Technik GmbH, Frankfurt
Druck und Bindung Ludwig Auer GmbH, Donauwörth
Printed in Germany 1997
ISBN 3-7667-1262-4

Zu den Bildern:
Die Aufnahmen zu diesem Buch stammen größtenteils vom Autor selbst. Er hat die einzelnen Schritte seiner Arbeit mit der Kamera festgehalten. Hieraus erklären sich auch die zum Teil verschiedenen Lichtverhältnisse bei Naturlicht, die in manchen Schritt-für-Schritt-Folgen zu sehen sind. – Der Autor dankt an dieser Stelle ganz besonders auch allen Galerien und Privatleuten, die ihm Fotos der Gemälde für die Verwendung im Buch zur Verfügung gestellt haben.

Abbildung auf Seite 2:
»Hinter der grünen Tür«. Pastell auf Papier, 28 × 20 cm
Der Blick geht hier von einem Innenraum hinaus auf eine sonnenbeschienene Terrasse – es handelt sich um eine nicht ganz unproblematische Gegenlichtstudie. Sehr wichtig ist bei ihr die Abstufung der Töne; für das Interieur müssen die richtigen Farben gewählt werden, um draußen das starke Licht deutlich spürbar werden zu lassen.

Abbildung auf Seite 5:
»Kapelle und Wildblumenwiese«. Pastell auf Papier, 41 × 44 cm
Gemalt im Frühsommer, wenn die Felder und Weinberge grünen und blühen, fängt dieses Bild mit seinen Grün- und Grau-Tönen eine besonders lichtvolle, luftige und frische Stimmung ein. Wie bei einer Zahl anderer Lieblingsthemen habe ich diese Ansicht mehrmals gemalt: Sie ist voller Rhythmus, und der Raum dreht sich um die winzige Kapelle herum, die wie ein Boot auf einem Wellental tanzt.

INHALT

Nur selten erteilt ein Künstler derart großzügig und brauchbar seine Auskünfte maltechnischer Art. Nach einem Buch über die Aquarellmalerei kann Simon Fletcher nun sein Kompendium zur Praxis des Pastells vorlegen. Er selber ist in diesem Fach ein großer Meister. In Kursen an privaten Akademien kultivierte er seine Erfahrungen in der Vermittlung eines erprobten Wissens profunder Art. So wurde er selber zum Lehrmeister, der nun über diese Kurse hinaus allen Interessierten ein kundiges Buch an die Hand zu geben vermag.

Seit 1982 lebt der 1948 in Birmingham geborene, in der Nähe von London aufgewachsene Simon Fletcher, Enkel eines deutschen Erfinders und Kunstsammlers, vorwiegend in den Bergen bei Montpellier, wo er ein altes Haus erwerben und für seine eigenen Zwecke nutzbar machen konnte. Das hatte zunächst einmal gesundheitliche Gründe, doch inzwischen dominieren die künstlerischen Aspekte des Lichts, der Klarheit und der Wärme. Simon Fletcher entschied sich bereits in jungen Jahren für die bildenden Künste, als er sich ohne Wissen seiner Eltern 1966 an der St. Albans Art School einschrieb. Früh schon konnte er sich zu Hause mit der dort vorhandenen Kunstliteratur vertraut machen; seine Mutter war eine eifrige, jedoch nicht professionelle Malerin. An der Art School der Druckerstadt Watford, in der Nähe von London, übte sich Fletcher ein Jahr lang in der Fotografie und in den drucktechnischen Möglichkeiten der Originalgraphik, in Typographie und Kalligraphie. David Hockney und Richard Hamilton, die damals in Watford lehrten, gaben ein willkommenes Beispiel für Grundlagen in der Kunst der Radierung. Die klassische Disziplin der Aquarellmalerei übte Fletcher aus, als er 1968–71 das West Surrey College of Art in Farnham besuchte, um dort mit einem Diplom bei Harold Cheeseman erfolgreich abzuschließen.

Seine Nähe zur Natur konnte Fletcher 1971–75 als Landschaftsarchitekt in Hampshire nutzbringend anwenden. Für eine neu gegründete Gesellschaft in Liphook zeichnete er als Art Director Entwürfe für Parks und Gärten, für Keramik und Skulpturen. Sein erstes großes Projekt war ein 20 Hektar großer Park mit einem See für den Zeitungsverleger Martin Brost, der als Mäzen auch künftig der Malerei Fletchers zugetan blieb. Reisen nach Frankreich und Marokko dienten 1974 der freien Arbeit in der Landschaft. Als Maler und selbständiger Garten-Designer ließ sich Fletcher 1975 in Oxford nieder. Für eine Gartenlandschaft erhielt er einen Ersten Nationalen Preis. Seine erste Einzelausstellung hatte er 1978 in der Galerie Picasso auf Menorca. In seiner Zeit als Direktor der ehrwürdigen Oxford Printmakers Cooperation (1978–79) entstanden vor allem Landschaftsradierungen, Porträts und Stilleben. Ehrenpreise für seine Aquarellmalerei erhielt Simon Fletcher seit 1983 mehrmals in den Salons von Bédarieux in der Languedoc und in Montpellier. Durch mehrere Einzelausstellungen und durch seine Sommerkurse wurde er auch in Deutschland bekannt.

1–4 Pflanzen und blaue Vase. Pastell auf rotem Papier, 27×20 cm
Gemalt auf den roten Ockergrund eines feinen, schweren, handgeschöpften Papiers, ist der Gegenstand dieses Pastellbilds ein Ausschnitt aus einer viel größeren Anordnung von Herbstblumen – Objekte, die ich auf meinem Arbeitstisch in meinem Studio ganz frei arrangiert habe. Wir sind sehr oft gezwungen, den Malgegenstand aus einem größeren Umfeld auszuwählen, und dies kann schwierig sein, weil wir uns einfach zu vielen Eindrücken gegenübersehen. Dieses Problem taucht auch immer dann auf, wenn wir Landschaften im Freien malen. Genau aus diesem Grund ist diese Übung im Studio auch so hilfreich.
Die herbstliche Wärme der Farben und Gegenstände wird von der warmen Grundfarbe des Papiers noch unterstrichen. Blätter und Früchte werden durch einen »flockigen« Auftrag der reinen Farben assoziiert – das heißt, die Farbe wird direkt auf das Papier gelegt und nicht in dieses hineingerieben.
Kleine Bilder gewinnen dadurch eine Intensität der Farbe, die ich ganz besonders liebe, und darin liegt gerade die Freude, wenn ich kühle und neutrale Töne gegen diesen »heißen« Ockergrund stelle. Mit der Balance von warmen und kalten Tönen in einem Bild kann man sehr gut Ideen für die Farbkomposition ausprobieren.

1 △

3 ▽

2 △

4 ▽

Fletcher behandelt das Pastell als eine Maltechnik, nicht als eine Disziplin des Zeichnens. Er erschließt dieser traditionsreichen Trockenmalerei die vielfältigen Möglichkeiten des Grundierens und Lasierens in mehreren Schichten, des Wechselspiels zwischen dem Auftrag reiner oder gemischter Farben und des Offenlassens, des Verreibens und Wischens. Das Fixieren von Zwischenzuständen der vier bis fünf Lasuren gehört zu den Raffinessen dieser Methodik. Das Vor und Zurück der Farbwerte bewirkt ein tiefes, warmes und bei allen Kontrastbildungen doch sanftes Leuchten. Im Pastell entsteht bei Fletcher alles vor der Natur – ohne Vorzeichnung. Ohne Neid betrachtet er voller Anerkennung die übermittelten Ergebnisse seiner eigenen Praxis bei anderen.

Reinhard Müller-Mehlis, März 1997

5 *Der Autor Simon Fletcher beim Malen im Freien.*

Seit ich begonnen habe, die Welt um mich herum zu studieren – was für mich die eigentliche Aufgabe des Künstlers ist– und natürlich auch abzubilden, habe ich mein Lieblingsmalthema eigentlich nie aus den Augen verloren. Während andere Maler nur an der menschlichen Gestalt oder nur am Abstrakten ein Interesse finden, haben mich schon immer die seltsamen und wundervollen Effekte, die das Licht ausüben kann, besonders an meiner Umgebung fasziniert – sei es nun das nebelverhangene Licht von England, meinem Geburtsland, und die Maltradition, die es hervorgebracht hat. Oder das Leuchten der südlichen Sonne, die den Landstrich bescheint, in dem ich jetzt lebe. Wir Menschen und erst recht wir Künstler sind alle Kinder unserer Umwelt und reagieren ganz instinktiv auf diese. Daher sehnen sich ja auch die Menschen des Nordens so sehr nach dem starken Licht, das sie in ihrer Heimat vermissen müssen. Sie sehnen sich dabei nicht so sehr nach der Wärme und Stimmung als vielmehr nach der Klarheit, mit der dieses südliche Licht uns Dinge sehen läßt, als sähe man sie das erste Mal.

Das zweite, was mich am Malen und Zeichnen immer wieder fasziniert, ist diese neue, so ganz andere Welt, die sich uns plötzlich wie ein magisches Sesam-Öffne-Dich erschließt, wenn wir uns dem Studium unserer Umwelt und deren Geheimnisse völlig versunken hingeben. In unserem Alltag halten wir ja kaum einmal inne und betrachten »das Naheliegende« – wie etwa ein kleines Stück Wiese mit seinen Pflanzen, Halmen und Insekten darin – etwas intensiver. Erst wenn wir das beim Malen und Zeichnen doch einmal tun, erschließen sich uns ganz neue Ein- und Ansichten, die urplötzlich zu einem Katapult für neue Gedanken und Einfälle werden.

Oft, wenn ich zusammen mit anderen male, kann ich beobachten, wie die Menschen sich völlig an ihre Malerei verlieren, und wie die sonst so rasch dahineilende Zeit keinerlei Bedeutung mehr für sie hat: Ich habe auch schon tüchtige Geschäftsmänner und -frauen, die gewöhnlich immer nervös mit ihrem Handy herumspielen, völlig versunken dabei erlebt, den Farbton unbedingt treffen zu wollen, den sie sich neben einem zuvor gesetzten Ton als richtig vorstellten. In der Magie des Augenblicks sind alle Hindernisse, die die Verständigung zwischen Lehrer und Schülern erschweren mochten, plötzlich wie weggefegt – denn alle sehen, was ich sehe.

Ich bin mir sicher, daß Malen und Zeichnen auch in Zukunft zu den erfüllendsten Beschäftigungen zählen werden, weil wir Menschen alle insgeheim wissen und darauf bauen wollen, daß die Welt auf festen Grundlagen beruht und daß wir die Magie in den einfachsten Objekten um uns herum mit wenigen Strichen immer wieder neu erschaffen können.

Simon Fletcher, März 1997

KLEINE GESCHICHTE DER PASTELLMALEREI

Soll man die Pastellmalerei eher zu den Zeichen- oder zu den Maltechniken zählen? Beides ist richtig: Es kommt immer darauf an, wie der Künstler das Medium Pastell nutzt. Man kann die Pastellfarben so einsetzen, daß man mit ihnen wie bei der Kreidezeichnung einfache Linien zieht; andererseits kann man sie direkt auf die Oberfläche einer Leinwand oder von Papier aufstreichen, um große, reine Farbflächen zu schaffen.

Als ich als junger Mann zu meiner Mutter sagte, ich wolle Maler werden, schenkte sie mir meine erste Schachtel Pastellfarben, und sogleich faßte ich eine große Zuneigung zu diesem Medium. Ich erwähne diese Begebenheit mit Absicht, weil ich es – nach einigen Jahren, in denen ich verschiedene Maltechniken unterrichtet habe – für sehr wichtig halte, daß der Künstler oder die Künstlerin sich in das gewählte Medium einfühlt, daß er oder sie versucht, dessen spezifische Ausdrucksmöglichkeiten auszuschöpfen. Nur so wird ein Künstler mit einer Technik vertraut werden, ja eines Tages soweit darin fortschreiten, daß er mit ihr Wirkungen erzielt, für die sie eigentlich gar nicht vorgesehen ist.

Die Pastellmalerei, wie wir sie heute kennen, ist eine relativ junge Technik. Kaum älter als zwei Jahrhunderte, wurde sie im 18. Jahrhundert zur großen Mode. Viele Künstler, vor allem in Frankreich, nutzten sie für ihre Landschafts-, Porträt- und Stillebenmalerei; unter ihnen ist wahrscheinlich Maurice Quentin de la Tour (1704–1788) der bekannteste. – Die Technik ist im wesentlichen recht einfach, man kann sich Pastellfarbe ganz leicht aus farbiger Erde und Wasser ermischen, wobei man die Masse in Stiftform rollt und aushärten läßt: Schon die Römer nutzten solche Farben für ihre Wandmalereien. An den Wänden liefen die etwas klumpigen Farbpigmente auch nicht Gefahr, schnell wieder abzufallen, was bei einem Auftrag dieser Mischung auf ein Staffeleibild durch einen kleinen Stoß schnell passieren kann. Dies ist übrigens auch der einzige wirkliche Nachteil dieser Technik.

Die französische Maltechnik im 18. Jahrhundert beruhte im übrigen darauf, die Farben auf dem Papier sorgfältig miteinander zu vermengen, zum Teil mit den Fingern, zum Teil mit einer Vielzahl von Malwerkzeugen, die die Künstler oft für ihren persönlichen Gebrauch entwickelten. Die Franzosen schufen sich außerdem spezielle Maloberflächen, die mit der Pastellfarbe eine harmonische Verbindung eingingen, wie etwa Pergament oder eingefärbtes Papier, das auf Leinwand geklebt wurde. Die damalige Malschule verlangte nach großer Genauigkeit beim Gestalten feiner Texturen und Oberflächen von Kleidung, Hauttönen und Haaren, und es entstanden zahlreiche frühe Pastellbilder, die die Herausforderung der großartigen Ölgemälde ihrer Zeit annahmen.

Als sich in den letzten dreißig Jahren des 19. Jahrhunderts in Frankreich eine »Revolution in der Kunst« abzeichnete, war es vor allem ein Künstler, der die Möglichkeiten, die die Pastellmalerei ihm bot, erkannte und sich diese Maltechnik völlig zu eigen machte. Edgar Degas (1834–1917) war der erste Künstler, der all die wundervollen Effekte gebrochener Farben, die mit Pastell erreicht werden können, vollends ausnützte; die Wirkung wurde durch die Verwendung von handgeschöpftem Papier noch stärker.

Obwohl von Natur aus eine eher »trockene« Technik, kann man mit der Pastellmalerei doch die unwahrscheinlichsten Effekte erzielen, indem man nach und nach Farbe aufträgt, sie fixiert und weiter Farbe aufträgt. Genau dies tat Degas, und gerade dieser wunderbare Gebrauch der Farbe im Verein mit seiner vollendeten Zeichenkunst hat uns einige der größten Pastellbilder beschert, die jemals geschaffen wurden.

6 Im Studio des Künstlers: Auf der Staffelei steht das Bild »Frau mit roter Halskette« (vergleiche Abb. 145).

Die meisten Farben enthalten ein Bindemittel, das dazu da ist, die Farbpigmente zusammenzuhalten: Beim Ölgemälde erfüllt diesen Zweck üblicherweise das Leinöl, beim Acrylbild ist es ein Polymerkleber und beim Aquarell das Gummiarabikum. Beim Pastell besteht einer der Vorteile darin, daß nur ein Minimum an Bindemitteln nötig ist, um die vermalbare Farbe in Stiftform zu erhalten. Manche Pigmente haben tatsächlich schon von sich aus gute Bindeeigenschaften, wenn sie mit Wasser angeteigt werden, und bei diesen Farben ist dann das Pigment in nahezu völlig reiner Form vorhanden.

Sollte dagegen in einer Farbe viel Bindemittel enthalten sein, dann ist dabei ein Hauptinhaltsstoff die Kreide. Kreide ist zwar kein Pigment und hellt eine Farbe, der sie im richtigen Mischungsverhältnis beigegeben wird, nicht wesentlich auf; dennoch wirkt sie in gewisser Weise wie ein Zement. Bei den von mir selbst hergestellten Pastellen wird dieser Zement beim Trocknen unweigerlich hart und gibt den Stiften ihre feste Konsistenz.

Nach diesen Ausführungen ist aber noch einmal deutlich zu sagen, daß das ideale weiche Pastellmedium nur ein Minimum an Kreide und anderen Bindemitteln, jedoch ein Maximum an Pigmenten enthält. Im Handel sind Pastellfarben oder Pastelle zwar immer noch unter der Bezeichnung »Pastellkreiden« erhältlich (dies wahrscheinlich zur klareren Abgrenzung von den harten, mit Holz ummantelten Pastellstiften, die äußerlich Buntstiften ähneln). Dennoch handelt es sich bei den weichen Pastellen nicht um Kreidefarben, sondern um Farben aus reinen Pigmenten, deren Bindemittel nur bewirken, daß sie nicht zu krümelig werden. Eine Umbenennung dieser Arbeitsmittel auch im Handel wäre daher recht wünschenswert.

Die meisten Pastellfarben enthalten außerdem eine kleine Menge an Gummiarabikum, das die Farbpigmente zusätzlich bindet und härtet, aber ein Zuviel davon kann Pastelle auch schnell hart und unverwendbar machen. Andere Pastelle, die oft recht markant rechteckig ausgeformt sind, sind viel härter als die weichen Künstlerpastelle. Sie sind von den Firmen Conté oder Faber-Castell zu beziehen und eignen sich sehr gut für kleinformatige Arbeiten oder zum Linienziehen. Manchmal wird den Pastellfarben auch noch ein wenig industriell hergestellter Talkumpuder zugesetzt, um der Farbe den richtigen Glättegrad zu verleihen, so daß sie auf dem Papier gut gleitet.

Das Herstellen von Pastellfarben ist recht einfach, doch müssen Sie ein wenig Zeit darauf verwenden, mit den Inhaltsstoffen etwas zu experimentieren, um den Grad von Konsistenz zu erreichen, der für Ihre Arbeit der richtige ist. Vielleicht versuchen Sie einmal, zunächst nur die Farbschattierungen selbst herzustellen, die Sie nicht kaufen können oder die in sehr großen Mengen benötigt werden (siehe auch Abb. 10).

Wenn Sie zum ersten Mal Pastellfarben kaufen, ist es sinnvoll, jeweils ein paar Farben von unterschiedlichen Herstellern zu erwerben und diese dann auszuprobieren, um herauszufinden, welche für Ihre Zwecke am besten geeignet sind. Die härteren *Pastellstifte* der Firmen Rembrandt und Conté eignen sich sehr gut für feine oder eher lineare Arbeiten, wohingegen die weicheren Pastelle von Rowney, Schmincke, Sennelier und anderen für die breiteren Wirkungen der reinen Farbe ideal sind. Einige Hersteller wie Sennelier bieten auch größere Blöcke für Wandbilder und großformatige Vorhaben an; das kann für einige ambitioniertere Bilder sehr hilfreich sein. Letztlich müssen jeder Künstler und jede Künstlerin für sich selbst entscheiden, welche Materialien den eigenen Bedürfnissen am meisten entgegenkommen, und es lohnt sich in jedem Fall, dies durch Experimentieren herauszufinden.

7 Der Arbeitsplatz des Künstlers mit Zeichenunterlage, Papier, Bleistiften verschiedener Härte. Ganz links liegen harte Pastellfarben von Derwent; in der Mitte unten: weiche Künstlerpastelle von Rowney, darüber Carré-Pastelle von Conté (auch von Faber-Castell erhältlich), oben weiche Künstler-Pastellstifte von Derwent. Rechts sind zwei Arten von Fixativen zu sehen: ein Aerosol und eine Version mit Blasröhrchen. Bequem und umweltverträglich ist Pumpspray.

Die Farben, die der einzelne Künstler verwendet, variieren natürlich sehr – entsprechend dem Temperament des Malers –, dennoch sollte man sich an einige Grundregeln bei allen verwandten Techniken halten. Die erste dieser Regeln heißt, daß man seine Farben *kennen muß*. Ich habe schon Maler getroffen, die nicht einmal die Namen ihrer Farben wußten und daher nicht in der Lage waren, eine aufgebrauchte Farbe richtig nachzubestellen.

Dann gibt es Pigmente, die man wirklich nicht verwenden sollte: entweder sind sie giftig oder nicht beständig. Dies ist leider immer noch der Fall, auch wenn die Künstlerfarben im Lauf der Jahre von der Industrie immer wieder verbessert worden sind. Sie sollten unbedingt auch deren Namen kennen: Bleiweiß ist zum Beispiel, wie der Name schon sagt, ein bleihaltiges Weiß! Für die Ölmalerei bestens geeignet, weil man es nicht berührt, ist es für Pastellmaler ungeeignet, da auch Ihre Finger zwangsläufig damit in Berührung kommen. Alizarin karmin (Krapplack) ist zwar ein wundervolles Karminrot, doch nicht beständig: im hellen Tageslicht verblaßt es sehr schnell.

Die Pigmente werden folgendermaßen eingeteilt:

Anorganische Pigmente

1 Erdfarben: Ocker, Umbra, Siena und andere. Diese Pigmente sind manchmal kalziniert oder gebrannt (Beispiel: Umbra gebrannt).

2 Mineralische Pigmente: Cadmium, Eisenoxide, Titan

Organische Pigmente

3 Pflanzenfarben: Alizarin karmin (Krapplack), Gummigutt (sattes Rötlichgelb), oft unbeständig

4 Tierische Farben: Indischgelb, Cochenille (rot)

5 Synthetische Farben: Phthaloblau, Chinacridon (rot) und andere.

Alle Farben, die wir verwenden, basieren auf Pigmenten, wenn auch ihre Bindemittel höchst unterschiedlich sind. Als Grundregel gilt: Je weniger Binder eine Farbe enthält, um so reiner ist sie und um so weniger Probleme bereitet sie auch bei der Verarbeitung. Daher kann man bei der Pastellmalerei auch wirklich vom Malen mit der reinen Farbe sprechen, denn bei der Herstellung der Farben kommt nur ein Minimum an Bindemitteln zum Einsatz.

Ich habe in der Folge eine Übersicht an Pigmenten zusammengestellt, um Ihnen zu helfen, die sichersten und haltbarsten lichtechten Pastellfarben für Ihre Arbeit auszuwählen. Es ist auch eine gute Idee, die Angaben des Herstellers zur Lichtechtheit vor dem Kauf zu studieren.

Rot-Töne

Rote Pigmente haben bis vor kurzem immer Probleme bereitet, weil wir unter nur sehr wenigen kräftigen Rot-Tönen wählen konnten, die farbbeständig waren. Die Cadmium-Töne sind dagegen gut, und es sieht so aus, als wäre die soeben neu entwickelte Generation von roten Chinacridonfarben auch beständig.

Cadmiumrot, Cadmiumhellrot u. a.	Farbbeständig und nichtgiftig*
Karminrot	Echtes Karminrot war bislang sehr unbeständig; jetzt nutzen die meisten Farbhersteller Chinacridonfarben
Permanentrosa	Beständig bei Verwendung von Chinacridon
Scharlachrot und Geranienrot	Beständig bei Verwendung von Chinacridon
Alizarin Karmin (Krapplack)	Nicht zu empfehlen, außer bei der Verwendung von Chinacridon
Krapprosa	Das reine Pigment ist einer der schönsten Rosé-Töne, aber leider nicht beständig
Permanentrot	Unglücklicherweise macht dieser Ton seinem Namen keine Ehre; immerhin ist er nichtgiftig

Orange- und Gelb-Töne

Cadmiumorange, Cadmiumgelb,	Beständig und nichtgiftig*
Neapelgelb	Beständig und, sofern nicht bleihaltig, nichtgiftig (beim Kauf beachten)
Zitronengelb	Für Pastellmaler ein sehr wichtiger Farbton (beim Kauf auf Lichtechtheitsangaben des Herstellers achten; sie können stark variieren)
Echtgelb/Echtorange	Schminckes Farbbezeichnung für Azogelb. Nichtgiftig, jedoch auch nicht allzu beständig

8 Farbproben der verschiedensten Hersteller, von links oben nach rechts, Reihe für Reihe: Cadmiumrot von Rowney, Karminrot von Rowney, Scharlachrot von Rowney, Dunkelrosa von Talens, Krapprosa von Schmincke, Sonnengelb von Schmincke, Cadmium-Zitronengelb von SJF, Cadmiumgelb von Rowney, Cadmiumgelb dunkel von SJF, Cadmiumorange von Rowney, Smaragdgrün von SJF, Rembrandtgrün von Talens, Dunkelgrün von SJF, Eidechsengrün von Rowney, Himmelblau von SJF, Kobaltblau von SJF, Ultramarinblau von SJF, Ultramarinblau dunkel von SJF, Rotviolett von Schmincke, Blauviolett von SJF.

---

*Einige der EU-Farbrichtlinien bezeichnen dieses Pigment als giftig; daher würde ich für das Vermalen dieser Farben zum Gebrauch von Handschuhen raten.

9 »Unter Eichen«. Pastell auf Papier, 51 × 66 cm
Zu gewissen Tageszeiten oder bei bestimmtem Licht können uns eine Landschaft und ihre Details wahrhaftig überraschen, wenn wir uns nur genügend Zeit dafür nehmen, genau hinzusehen; in diesem Bild sind die charakteristisch geformten Eichenblätter über meinem Kopf der Ausgangspunkt für eine letztendlich fast abstrakt anmutende Arbeit. Die Farbe dient hier als Mittlerin meiner Gefühle – indem ich Farben übereinanderlege, lasse ich die Formen hervor- und zurücktreten.

Grün-Töne

Die meisten grünen Farbpigmente sind bei allen Herstellern gut, beständig und ungiftig, doch ist ein Blick auf die Angaben des Herstellers zur Lichtechtheit bei jeder Farbe zu empfehlen, will man ein dauerhaftes Ergebnis.

Blau-Töne

Glücklicherweise sind fast alle blauen Pigmente lichtbeständig und nichtgiftig, so daß dem Maler eine reiche Palette an Tönen offensteht.

Violett- und Purpur-Töne

Die meisten dieser Farben sind gut – achten Sie vor dem Kauf dennoch auf Lichtechtheit.

Erdfarben

Diese sind wie auch die blauen Töne »die besten Freunde des Künstlers«: billig, beständig und nichtgiftig, zählen die gelben und braunen Ocker-Töne, Umbrafarben (Umbra natur und gebrannt) sowie Rohe und Gebrannte Siena zu den schönsten Farbvarianten. Caput mortem, Englischrot, Hellrot, Sepia, Marsrot sind alle recht brauchbar, Van Dyckbraun ist dagegen mit Vorsicht zu behandeln, denn die Pigmente, die dafür verwendet werden, sind nicht beständig.

Sie brauchen dazu:

- Mörser und Stößel
- Weiße Kreiden (Tafelkreide)
- Industrie-Talkumpuder
- Hochwertige Farbpigmente für den Künstler
- Eine Lösung aus Gummiarabikum

Gewöhnlich gibt man die abgewogenen Bestandteile teelöffelweise auf eine Glas- oder Marmorplatte und mischt sie dann mit Wasser und (sehr wenig) Gummiarabikum im Mörser an. Oft ist es günstig, mit einem dunklen Ton zu beginnen. Mischen Sie ihn im Mörser gut an, nehmen dann die Hälfte der Masse heraus und formen sie als Stift. Zur zweiten Hälfte der Masse geben Sie nun eine angemessene Menge weißes Pigment und Kreide, um daraus einen helleren Pastell»stift« der gleichen Farbe zu formen.

Zu den Gewichtsanteilen der Pigmente (und der Zusatzstoffe) kann ich leider keine exakten Angaben machen, weil die Pigmente in ihrer Zusammensetzung stark variieren. Die Mischung sollte jedoch immer eine Konsistenz wie von schon recht steifem Schlamm aufweisen. Mit den Fingern können Sie die Mischung zu runden Stiften in der gewünschten Dicke rollen. Nach drei Tagen in Raumtemperatur sind die Stifte durchgetrocknet. Ist ein Stift dann zu hart, kann er im Mörser erneut mit Wasser versetzt und mit mehr Pigmenten und Kreide vermengt werden. Sollte er zu weich ausgefallen sein, können etwas mehr Gummiarabikum und vielleicht etwas mehr Kreide zugegeben werden. Am besten schreiben Sie sich bei jeder Farbe auf, wie Sie sie ermischt haben: das ist für das Herstellen derselben Farbe in der Zukunft sehr hilfreich. Einige Pigmente benötigen überhaupt keine Gummilösung, andere dagegen viel. Das mit Kreidepulver versetzte Gummiarabikum sollte auf jeden Fall im Verhältnis 1:50 Gummilösung/Wasser angemacht sein.

◁ 10 Materialien zum Selbstherstellen von Pastell: Glas- oder Marmorplatte zum Anmachen der Farbe, Spatel, Mörser und Stößel, Kreide (links), verschiedene Pigmente, Talkumpuder. Nicht auf dem Bild, aber wichtig ist Gummiarabikum als Binder. Je mehr Sie davon zugeben, desto härter werden die Stifte – und genau das macht den Unterschied zu den gebrauchsfertig angebotenen Stiften aus (vgl. Abb. 7).

Dies sind Pigmente, die ein öliges, nichttrocknendes Wachs als Bindemittel haben. Sie können mit Terpentin oder einem anderen Lösemittel auf dem Papier verteilt und auch damit verdünnt werden. Der Nachteil dieser Malmaterialien besteht darin, daß das enthaltene Öl natürlich durch das Papier durchschlägt oder es so entfärbt. Gerade zum Skizzieren können mit Öl-Pastellfarben sehr lebendige und aufregende Effekte erzielt werden, doch sollten Sie als Malgrund eine beschichtete Hartfaserplatte oder Leinwand verwenden, wenn Ihre Arbeit von Dauer sein soll.

Ein gutes Qualitäts-Hadernpapier eignet sich bestens, damit diese Entwurfsskizzen im Studio weiter bearbeitet werden können. Sie nehmen oft die wesentlichen Aussagen der späteren, fertigen Arbeit schon vorweg.

Öl-Pastellfarben vertragen jedoch keine Hitze und beginnen sogar zu schmelzen, wenn sie der Sommersonne ausgesetzt werden. Das bedeutet jedoch auch, daß man sie, wenn sie nicht gerade ganz kalt sind, übereinanderlegen und eine Farbe in die andere mischen kann, wodurch sich raffinierte, glasurartige Effekte ergeben können. Auch kann man Öl-Pastellfarben mit Terpentin verdünnen. Sie haben dann jedoch die Tendenz, matter als gewöhnlich zu wirken.

11 Ein Ausschnitt des Bildes »Gelbe Formen« (Abb. 71) zeigt sehr schön die pastöse Wirkung des Ölpastells. ▷

Ich selbst habe sehr oft versucht, mit Malkreiden *über* verdünnten Öl-Pastellfarben zu experimentieren oder mit diesen Ölfarben über Wasserfarben. Aber da wir noch nicht genügend darüber wissen, wie dauerhaft Öl-Pastellfarben sind – insbesondere auf Papier –, kann ich diese Versuche nur zu Übungszwecken empfehlen.

Aus der Vielzahl der heute fast ausschließlich industriell hergestellten Papiersorten sind für den Pastellmaler nur einige wenige Arten von Papier interessant. Die große Zahl billiger, holzhaltiger Papiere ist für unsere Zwecke nicht brauchbar, denn sie sind säurehaltig und vergilben rasch. Auch zerfallen sie mit der Zeit. Achten Sie daher beim Einkauf zunächst auf säurefreies, alterungsbeständiges Papier. Dieses kann industriell hergestellt oder handgeschöpft werden. Betrachten wir als erstes die maschinell hergestellten Papiere.

Im Künstlerbedarfs-Fachhandel finden Sie eine reiche Auswahl von Papieren, die sich zur Pastellmalerei eignen. Sie sind meist eingefärbt und Industrieprodukte, sofern nicht eigens der Hinweis »handgeschöpft« auf dem Sortennamen steht. Viele dieser in ganz Europa hergestellten Papiere unterscheiden sich in Tönung und Textur und sind ideal für unsere Zwecke. Auch macht es immer Spaß, mit einem neuen Papier noch ungeahnte Wirkungen der Pastellmalerei zu erproben. Die Firma Canson liefert zum Beispiel einige der am besten bekannten Papiere, erhältlich in einem reichen Spektrum an Farben und mit sehr ausgeprägter Struktur auf der Siebseite. Die Papiere der Hahnemühle sind ebenfalls sehr sortenreich vertreten und in einigen sehr hübschen, blassen Braun- und Grau-Tönen zu haben – auch Fabriano, der größte Papierhersteller Italiens, liefert eine reiche Auswahl. Am besten testen Sie verschiedene Papiere, um schließlich das von Ihnen bevorzugte zu finden. Gewöhnliches braunes Packpapier – selbstverständlich säurefrei – ist gleichfalls für die Pastellmalerei zu gebrauchen, wenn auch etwas dünn und daher eher für die kleinformatige Arbeit geeignet. Ganz allgemein sollte das Papier mindestens ein Gewicht von 200 g/m^2 haben, damit es auch genügend steif ist, um ein wenig Kratzen und Radieren zuzulassen.

Handgefertigte Papiere kommen gleichfalls aus ganz Europa und werden von berufsmäßigen Malern bevorzugt, auch wenn sie teuer sind: es gibt keine vergleichbaren industriellen Qualitäten (Abb. 12). Maschinengefertigte Papiere bestehen üblicherweise aus säurefreien Zellulosefasern; zu ihrer Verstärkung werden manchmal Baumwollfasern zugegeben. Meist bemalt man dann ihre Siebseite. Handgeschöpfte Papiere setzen sich nur aus Baumwoll-Hadern zusammen, die sie stark und dauerhaft machen: sie werden Hadernpapiere genannt. Sie bleichen weder aus noch vergilben sie bei starker Lichteinwirkung; man kann ihre Oberfläche kratzen oder anderweitig bearbeiten, da sie sehr reißfest sind. Als Hauptvorteil ist jedoch ihre schöne Struktur auf beiden Seiten zu nennen, die der Pastellmalerei sehr entgegenkommt. Künstlerpapiere, ob maschinen- oder handgefertigt, gibt es in drei Oberflächenbeschaffenheiten: glatt, leicht strukturiert oder rauh. Für unseren Gebrauch sind die beiden letzten Kategorien die interessantesten. Es werden bereits handgemachte Papiere in grauen oder braunen Tönen speziell zum Pastellmalen angeboten, doch möchte ein Künstler häufig sein Papier selbst tönen, damit es

12 Zu sehen sind die folgenden Papiere, von oben nach unten:
Franz., handgeschöpftes Papier in blaßorange Erdton, 300 g/m²,
Franz., handgeschöpftes und -koloriertes Papier, 300 g/m²
Deutsches Maschinenpapier, blaßgrau, 180 g/m²
Franz., handgeschöpftes Papier, blaugrau, 300 g/m²
Selbst koloriertes und geschöpftes, franz. Papier in kühlem Grau, 300 g/m²
Deutsches Maschinenpapier in blassem Graublau, 180 g/m²
Franz., handgeschöpftes Papier in orangem Erdton, 300 g/m²
Maschinenpapier der Firma Canson, blaßblau, 180 g/m²

mit seinen Gemälden harmoniert. Dieses Tönen ist sehr einfach: Mischen Sie Acrylfarbe in der Farbstärke beziehungsweise -verdünnung an, so daß sie dem gewünschten Farbton entspricht. Streichen Sie die Farbmischung mit einem breiten Pinsel beidseitig auf das Papier auf. Die Farbe sollte sehr gleichmäßig aufgetragen werden. Ist das Papier trocken, kann es vorsichtig flach liegend gepreßt werden und gibt dann einen schönen Träger für Ihr Pastellbild ab. Es gibt zwar auch Papiere mit einer speziellen textilen Seite oder sogar beschichtetes Veloursfpapier, doch habe ich persönlich diese noch nie verwendet, weil sie mir in keiner Weise zusagen.

WEITERE MALGRÜNDE

Die Pastellmalerei bleibt dennoch nicht auf Papier und Leinwand beschränkt. Wie schon erwähnt, eignet sich Pastell gerade für die Wandmalerei sehr gut. Die Wände sollten allerdings nicht allzu rauh sein und der Pastellauftrag nicht allzu blättrig. Es ist sehr hilfreich, die Wand vor dem Auftrag extra mit Acrylgrundierung (Acryl-Grundierfarbe) zu behandeln, bevor Sie mit der Arbeit beginnen. Vom Wetter beeinträchtigte Außenwände sollten gespachtelt und dann mit Mörtel neu glatt verputzt werden. Dieser Putz muß gut trocknen. Erst dann kann man eine erste Schicht Acrylgrundierung aufbringen, gefolgt von ein oder zwei weiteren Acrylschichten. Die Pastellfarbe wird erst auf die trockene Wand gemalt. Leinwand ist ebenfalls ein guter Träger für Pastellbilder; man sollte sie auf einer Spanplatte befestigen, die Leinwand fest über die Ecken ziehen und auf der Rückseite festtackern. Sie müssen die Leinwand nicht vorher grundieren, da Pastellfarben keine Öle beinhalten, die den Stoff verderben könnten. Wollen Sie eine gefärbte Leinwand haben, tragen Sie Acrylgrundierung im von Ihnen gewünschten Farbton auf: Tun Sie dies jedoch, *bevor* Sie Ihre Leinwand dehnen! Holztafeln sind gleichfalls als Malgrund vorstellbar; sie sollten jedoch *vor* dem Malbeginn sorgfältig geschmirgelt und mit einer guten Acryl-Grundierfarbe oder mit einer anderen Grundierfarbe präpariert werden.

DER EINSATZ VON FIXATIVEN

Wie schon in meiner Einführung angedeutet, konfrontiert die Pastelltechnik den Maler schnell mit einem sehr wesentlichen Nachteil: Läßt man versehentlich ein fertiges Bild fallen oder stößt dagegen, kann bereits ein Großteil der Pigmente von der Oberfläche fallen; selbst ein zufälliges Darüberwischen mit einem Kleidungsstück oder mit der Hand nimmt die Farbe vom Untergrund weg oder – schlimmer – verschmiert sie. Daher dreht sich bei dieser Technik alles um die Frage, wie man die leichthaftende, pudrige Farbe auf der Oberfläche des Malgrundes festhalten kann. Die Antwort lautet: Man muß sie fixieren.

Fixative für Pastelle bestehen gewöhnlich aus einem Kleber in einer flüchtigen Lösung. Wenn wir das Fixativ auf unser Bild sprühen, verdunstet das Lösungsmittel schnell und läßt einen leichten Gummifilm auf der Oberfläche zurück, der die Pigmentpartikelchen zusammenhält. In der herkömmlichen Pastellmalerei ist die Pigmentschicht dünn und haftet gut auf dem Bildträger, so daß diese Bilder ein Minimum an Fixierung benötigen. Bei dieser Technik wird die pudrige Farbe entweder durch Aufreiben mit dem Finger oder mit Hilfe eines Spatels auf die Malunterlage aufgebracht. Werden jedoch die Pigmentschichten rein – das heißt, nicht mit anderen Malmitteln angemacht – und vor allem in dicker Lage aufgetragen und in Schicht-auf-Schicht-Technik, wie ich sie selbst oft verwende, dann muß nach jeder Schicht fixiert werden. Hier nun kann die sogenannte *Glasurtechnik* mit Pastellfarben all ihre

Trümpfe ausspielen, die uns zudem unzählige experimentelle Möglichkeiten bietet. Mit anderen Worten: Das Fixieren wird Teil des Malvorgangs und bedeutet nicht mehr nur eine Oberflächenbehandlung zum Schutze des Gemäldes.

Das zwischenzeitliche Fixieren sollte immer dann erfolgen, wenn *eine* Malschicht abschließend aufgebracht worden ist: und natürlich wird jede Künstlerin und wird jeder Künstler dafür einen anderen Zeitpunkt ansetzen, wann für sie oder ihn der richtige Moment gekommen ist. Ich persönlich fertige gerne eine Vorzeichnung auf dem Papier, lege also quasi eine Unterlage unter die eigentliche Zeichnung, deren Farben oft mit jenen in meinem Konzept des fertigen Bildes harmonieren. Dann fixiere ich und wiederhole möglicherweise diesen Vorgang. Wenn man im Freien arbeitet, kann man das Fixieren gleich bei dem auf der Staffelei stehenden Bild praktisch ohne Pause durchführen, aber im Studio sollte das Bild doch an einem anderen Ort fixiert werden und nicht da, wo man malt. Die Dämpfe des Lösungsmittels können nämlich nicht nur irritierend, sondern sogar gesundheitsschädlich sein.

Manche Künstler verwenden Haarspray oder Haarlack als Fixativ. Selbstverständlich sind aber die hierbei verwendeten Klebesubstanzen, die ja wesentlicher Bestandteil der Pastellfixative sind, nicht dieselben. Ich schlage daher vor, für Skizzen oder Vorzeichnungen Haarlack einzusetzen. Für ernstzunehmende Arbeiten sollte jedoch in jedem Fall ein Fixativ in Gebrauch sein, wie es die Profis benutzen. Dabei sind selbstverständlich Pumpsprays den Aerosolen vorzuziehen. In Ihrer näheren Umgebung gibt es bestimmt ein Fachgeschäft, das solche Künstlerbedarfs-Artikel führt.

Ich werde oft gefragt, *wieviel* Fixativ man verwenden soll. Diese Frage läßt sich nicht leicht beantworten, da unterschiedliche Voraussetzungen verschiedene Ergebnisse erwarten lassen. Eine sehr zart angelegte Arbeit kann durch eine zu starke Fixierung Schaden nehmen, da alle Fixative die Farben generell leicht abdunkeln. Manche Pastellfarben können sich nach dem Fixieren sogar völlig verändern: Ist darin zuviel Kreide enthalten, verschwindet diese nach dem Fixiervorgang eventuell sogar ganz, da sie ja kein richtiges Pigment ist, sondern nur ein Binder, der das Pigment zusammenhält. In vielen billigen Pastellen ist Kreide in zu großer Menge enthalten – ein Grund mehr, weshalb Sie Qualitätsware kaufen sollten.

Als Test kann ich folgendes empfehlen: Reiben Sie nach dem Fixieren mit einem Finger leicht über das Pastellbild. Wenn dabei überhaupt kein Pigment mehr am Finger haften bleibt, bedeutet das, daß die Oberfläche des Bildes mit Fixiermittel gesättigt ist, so daß von dem delikat zu nennenden Schimmer des Pigments auf dem Bildträger nichts mehr übriggeblieben ist. Wenn allerdings noch ein wenig Pigment vom Bild auf den Finger abfärbt, dann ist der Auftrag als ausreichend anzusehen. Es ist immer empfehlenswert, Probe-Fixierungen bei Zeichnungen und Skizzen vorzunehmen.

Ich nenne meine Arbeit bewußt »Pastell-Malerei«, andere Künstler sagen dazu »Pastell-Zeichnen« – es hängt immer von der jeweiligen Absicht bei der Arbeit ab. Eines ist jedoch unabdingbar und gilt für jeden Stil – vielleicht mit der Ausnahme, daß man nur abstrakt malen will –: Die Voraussetzung für die Pastellmalerei heißt *zeichnen können!* Die Zeichnung als grundlegende Disziplin für vielerlei künstlerische Aktivitäten ist – oder sollte es sein – ein grundlegender Prozeß, um herauszufinden, wie Objekte eigentlich beschaffen sind. Dies gilt ganz besonders für das Zeichnen von Porträts und Landschaften. Es reicht nicht, zu kopieren, was man sieht, und es geht auch nicht darum, neue Vorlagen zu schaffen. Vielmehr muß der Zeichner das Gesehene persönlich interpretieren und so wiedergeben können, daß nachvollziehbar wird, was er selbst beim Zeichnen erlebt oder auch gefühlt hat. Um aber diese Erfahrungen anderen mitteilen zu können, bedarf es der Entwicklung einer eigenen Methode. Die Pastellmalerei gibt uns diese Möglichkeit und erlaubt uns gleichzeitig das Verwenden von Farbe. Wo sollen wir jedoch beginnen, um diese beiden Möglichkeiten gemeinsam wahrzunehmen? Das ist gar nicht so einfach.

Einige der berühmtesten Porträts expressionistischer Zeichner sind in reinen, kräftigen Farben gehalten – und dennoch geben sie das Wesen der dargestellten Person wieder. Das kommt daher, daß der Künstler die zeichnerischen Proportionen beachtet hat. Es ist oft erstaunlich, wie weit man ein Bild »entfremden« kann, ohne daß der klare Bezug zum Modell verlorengeht, wenn man nur diesen Grundsatz beachtet. Eine gute Zeichnung kann die Grundlage für ein Gemälde bilden, wenn es auch schwierig ist, den Kopf des Porträtierten so zu zeichnen, daß das Ohr sich in Beziehung zum Auge an der richtigen Stelle befindet. Auch muß jeder Künstler erst seinen eigenen Weg finden, wie er persönlich die Proportionen exakt übertragen kann.

13, 14 Zeichnungen aus meinem Skizzenbuch im Format 22 × 23 cm Das Blatt mit dem Titel »Häuser in Salasc« zeigt das starke Licht des Frühjahrs auf den Häuserfassaden und einen Einschnitt durch die enge Straße auf die Landschaft zu (Abb. 13).

DIE KOMPOSITIONSSKIZZE

Ist das Objekt einmal gewählt, empfiehlt es sich oftmals, eine Kompositionsskizze anzufertigen – entweder vom ganzen Bild oder von einem Ausschnitt.

Diese erste Skizze ist von besonderer Bedeutung, wenn wir im Freien malen, weil wir aus der ganzen umgebenden Landschaft einen Teilbereich auswählen müssen. Diese Auswahl zu treffen, gehört zu den schwierigsten Dingen, die es zu lernen gilt. Genau da helfen die kleinen Skizzen mit dem Stift oder Fasermaler, da wir eine Entscheidung treffen können, ohne zuviel Zeit zu investieren. Außerdem bleibt einem mancher Mißerfolg eher erspart, als wenn man gleich auf teurem Papier mit dem Entwurf beginnt und diesen dann wegen einer kleinen Unstimmigkeit verwerfen muß. Und in der Tat bedeutet das Wort »Komposition« für den Maler nichts anderes als »Zeichnung« (vergleiche hierzu die Abbildungen 13 – 16).

»Hérépian« ist der Name einer kleinen französischen Ortschaft mit einem besonders interessanten alten Ortskern. Ich verwendete Bleistifte, Farbstifte und harte Pastellstifte, um dieses Ambiente wiederzugeben (Abb. 14).

DIE VERWENDUNG VON FARBSTIFTEN

Dies sind einige Beispiele für Zeichnungen, die vor Ort mit Farbstiften oder harten Pastellstiften gemacht worden sind. Tatsächlich sind Farbstifte den Pastellstiften sehr ähnlich, was auch ihre Herstellung schon nahelegt. Sie eignen sich besonders für kleinformatige Zeichnungen. Bei einer oder zwei dieser Skizzen habe ich ebenfalls Carré-Stifte der Firma Conté benutzt, weil auch sie hart und in kräftigen Farben zu haben sind. Natürlich muß man sie fixieren: Ich habe außerdem zusätzlich Transparentpapier (säurefrei) zwischen die Seiten gelegt, um die Zeichnungen in meinem Skizzenbuch nicht zu verschmieren.

15, 16 »Winterliches Bodegon«. Vorskizze und Vorstufe zum späteren Pastellbild (Abb. 35), 22 × 23 cm und 12 × 16 cm
Die erste Arbeitsstufe (Abb. 15) bezeichne ich gerne als eine »Aufwärmzeichnung«. Sie hilft mir, bereits jetzt Probleme zu erkennen, die ich später lösen muß, und sie erlaubt mir, geringfügige Änderungen bei der Gruppierung der Gegenstände vorzunehmen. Es bereitet einfach Freude, Zeichnungen dieser Art anzufertigen, die frei und leicht sind – man muß sie ja nicht immer alle vorzeigen …
Es ist die reinste Entdeckungsfahrt, mit einem Stift und einigen harten Pastellstiften hier und da eine Farbspur zu hinterlassen. Die Vorzeichnung machte ich vor allem mit einem 9b Bleistift in einem Skizzenbuch und konzentrierte mich dabei auf die zentrale Gruppe der Objekte.

DIE VERWENDUNG VON KOHLE, KREIDE UND RÖTEL

Quadratische Bilder haben ihre Schwierigkeiten: Es gibt fast immer Probleme mit der Komposition, mit Ausnahme von einfachen Objekten. Also beschloß ich, in einer zweiten Skizze (Abb. 16) in meine Komposition die ganze Anrichte aufzunehmen. Ihre Ecken gestaltete ich allerdings ein bißchen unscharf, so daß das Auge zwangsläufig in die Bildmitte hineingezogen wird. Ich fand heraus, daß ein Verhältnis von 3 : 4 für die Anordnung der Gegenstände geeignet war. So halbierte ich die Seiten waagerecht und senkrecht und zeichnete diese Linien an. Beim Übertragen dieser Skizze auf ein größeres Papierformat würde ich damit auch einige Bezugspunkte haben, um alle Gegenstände richtig zu positionieren. Es ist erstaunlich, wieviele Maler – nach Anfertigung einer vielversprechenden Skizze – beim Übertragen auf einen anderen Untergrund an den Proportionen scheitern und dann begreiflicherweise enttäuscht sind, weil ihr Werk »nicht so gut funktioniert« wie die Vorzeichnung.

17 »Champagnerbox«. Rote und weiße Kreide auf grauem Karton, 44 × 30 cm
Jedem, der mit den Zeichnungen der Renaissancemaler vertraut ist, ist die Bedeutung solcher Farbtonskizzen bekannt, mit denen sich ein Künstler Farbe und Form erarbeitet. So ist es auch bei dieser schnellen Studie zu einigen Objekten, die auf einem weißen Leintuch ausgebreitet und von einer Seite beleuchtet sind.
Wenn man mit Kreide auf einem Untergrund von mittlerem Tonwert arbeitet, hat man Gelegenheit, herauszufinden, auf welche Weise das Licht die Form bestimmt und wie man Farbwerte aufbaut. Die Technik kommt dem Maler sehr entgegen, da Kreide sich ähnlich wie Pastellfarbe verhält. Die ursprüngliche Zeichnung kann dabei entweder als solche stehenbleiben oder – nach einer Fixierung mit Spray – als Grundlage für die weitere Ausgestaltung mit Farbe dienen. Die rotbraune Kreide verleiht der Komposition Wärme und Ausdruck.

Mit diesen Malmitteln ist das Zeichnen ein möglicher Zugang zum Pastellmalen. Wenn wir die Komposition entsprechend den Zeichnungen festgelegt haben, sollte der Entwurf in einer Art Layout auf dem Papier oder Zeichenbrett Gestalt annehmen: Das geschieht üblicherweise mit Kohle oder Kreide. Sie sollten dafür einige weiche und mittelharte Kohlestifte und auch einige schwarze Kreidestifte bereithalten. Ich selbst nehme entweder schwarze Kreide für diese sehr intuitive Zeichnung oder auch weiche Kohle (Holzkohle). Ich verwende ziemlich viel Zeit auf diesen Entwurf, wobei ich genau darauf achte, alle wesentlichen Elemente meiner Vorzeichnung auch an der richtigen Stelle auf das Papier zu setzen. Wichtig ist auch, daß das Papier für das spätere Pastellbild die gleichen Proportionen (Längen- und Breitenverhältnisse) aufweist wie dasjenige, auf dem die Vorzeichnung erfolgte.

Zur Vorgabe der Grundzeichnung eignet sich auch Rötelstift gut. Es kann sogar ein Pastellstift Verwendung finden – doch nehmen Sie niemals Farbstifte dazu her! Sie hinterlassen im Papier zarte Furchen, die später noch unter dem Pastellbild zu sehen sein werden und manchmal die Gesamtwirkung des fertigen Bildes zerstören können …

In dieser Arbeitsphase kann auch schon Farbe in das Bild eingebracht werden: Zarte Schatten etwa lassen sehr gut erkennen, wo ein Element anfängt und das andere aufhört. Ich bemühe mich von Anfang an, das Materielle und Körperliche der gemalten Gegenstände im Bild sichtbar zu machen, etwa die Tiefe eines gepflügten Feldes oder die vollendete Rundung eines großen Einzelbaumes. Dabei kann meiner Meinung nach Farbe, die zusammen mit der Kohle in das Papier gerieben wird, mein Verständnis von Tiefe zum malerischen Ausdruck bringen. Wie ich schon im Abschnitt über das Fixieren geschrieben habe, dient die zuerst verwendete Farbe aber als Maluntergrund. Die Beherrschung dieser Technik ist für den Künstler wichtig. Wenn ich zum Beispiel eine Gebäudegruppe darstellen will, die sich gegen den Himmel abhebt, muß ich zumindest zwei Grundfarben benutzen. Mit der einen erschaffe ich lebendige Himmelsfarben, mit der anderen kann ich die Gebäudefarbe als Kontrast dagegensetzen. Die Farben muß ich also bereits bei der Vorzeichnung quasi auf dem Papier »verankern« und muß sie so sorgfältig wählen, daß sie später aus meinem Malgegenstand das Beste herausholen, meinen Motiven plastische Form verleihen und Lichteffekte hervorzaubern. Letztere sind mir in meinen Bildern ganz besonders wichtig. Ob ich nun Blumen male oder ein anderes Stilleben, immer ist es dieselbe Technik, die dabei zur Anwendung kommt. Mein Bildbeispiel »Rosa und rote Blumen« (siehe Seite 40 f.) zeigt den Entstehungsvorgang.

18–20 »Grüne Komposition«. Öl-pastelle auf handgeschöpftem Papier, je 52× 36 cm
Diese drei Gemälde veranschaulichen, wie man Öl-Pastellfarben zum Zeichnen einsetzen kann.
Wie bereits erwähnt, sollte man dieses Malmedium nicht bei heißer Sonneneinstrahlung verwenden, denn es kann schmelzen. Hier allerdings arbeitete ich im Schatten, mit kühler Brise, und so blieben die Stifte in gutem Zustand.
Bei jedem Bild begann ich direkt mit der Farbe. Selbstverständlich läßt sich Ölpastell auch über Bleistift auftragen, so daß sich eine reiche texturale Wirkung ergibt. Ich legte mit einem hellen Grün, das starkes Licht andeutet, das Bild an. Mit Rot und Violett wurden die dunkleren Formen betont, und ich brachte sie zum Teil über jene in Gelb oder Blaßgrün. Mit zwei dunklen Grün-Tönen stellte ich dann die erste dieser »Kompositionen« fertig (Abb. 18).

Über die Farbtheorie sind bereits zahllose Bücher geschrieben worden, und jeder Künstler sollte auch nur die grundlegendsten Regeln dieser Theorie beherrschen, denn nichts kann so starke Stimmungen hervorrufen wie die Verwendung von Farbe. Viele Anfänger verwenden starke Komplementärfarben, um ihre Farbwirkungen bis zum äußersten auszureizen – und das ist dann einfach des Guten zuviel! Wenn sich auch jeder einzelne zu ganz verschiedenen Farbkombinationen hingezogen fühlt, ist das Experimentierfeld immer noch weit. Gerade Pastellfarben bieten uns hervorragende Möglichkeiten, frei auszuprobieren und somit den persönlichen Charakter des Gemalten hervorzuheben. Ich selbst betrachte immer ganz genau die Bilder, die mich anziehen oder die einfach auffallen, um immer besser zu verstehen, wie diese von mir bevorzugten Effekte wohl entstanden sind.

AUFBEWAHRUNG UND PRÄSENTATION

Beim zweiten Versuch über dasselbe Motiv begann ich mit sehr wenig Blau und Pink zur Heraushebung der Vertikalen und Horizontalen. Dann tränkte ich das Papier mit Terpentinöl und arbeitete darauf weiter. Dieses Medium läßt die Öl-Pastellfarben auf dem Papier verfließen. Das Farbenmischen (übereinander) wird einfacher, da unter Verwendung eines Lappens die Farben in die Papieroberfläche eingerieben werden können. Der erreichte Effekt ist für diese Technik typisch: Die Motive scheinen ineinander aufzugehen, dabei kann selbst der Eindruck von Hitze und starkem Licht entstehen (Abb. 19).

Das dritte Beispiel (Abb. 20) bedient sich des Prinzips modernen Offsetdrucks: Fette Oberflächen sind wasserabstoßend. Hier sind die Öl-Pastellfarben das fette Malmittel. Ich habe es für die sehr hellen Bereiche eingesetzt, für Gelb und Zartgrün, bevor ich Vertikale und Horizontale mit Wasserfarben gestaltete. Diese Technik ist bei vielen Malern deshalb so beliebt, weil die verlaufende Wasserfarbe allerlei Zufallseffekte über der Grundkomposition bewirkt.

Alle Pastellbilder, ob mit Pastellen oder Öl-Pastellfarben gemalt, sollten flach liegend aufbewahrt werden, nachdem sie fixiert wurden; verschiedene Lagen von Küchenpapier schützen sie zusätzlich. Am besten sind sie in einem Schrank mit flachen, weit herausziehbaren Schubladen aufgehoben, wie Grafiker sie benutzen. Sie in Mappen senkrecht stehend aufzubewahren, wäre ein Fehler, denn sie werden so leicht beschädigt.

Pastellbilder sind im allgemeinen recht empfindlich und daher zu schützen, wenn sie gezeigt werden. Ich arbeite üblicherweise auf starkem Papier, das unter Glas zusätzlich mit einem Passepartout als Schutz versehen wird. Gewöhnlich nehme ich sogar ein doppeltes Passepartout von 5 oder 6 mm Stärke, so daß die Bildoberfläche vom Glas ferngehalten wird. Normalerweise ist dafür Klarglas ausreichend, nur manchmal benutze ich ein sehr klares, neues, entspiegeltes Glas, das äußerst teuer ist. Da das Passepartout die Wirkung des Bildes nur unterstreichen, nicht aber übertönen sollte, wähle ich selten farbige Papiere, viel lieber ein neutrales Cremefarben oder manchmal ein sehr blasses Grau. Ein weißes Passepartout ist fast nie geeignet, denn es läßt die Farben im Pastell zu grell erscheinen.

Auch das Rahmen der Bilder ist immer eine sehr subtile Angelegenheit, aber bei einem Bild mit satten Farben kann etwa ein goldener oder silberner Rahmen sehr gut aussehen. Ich bevorzuge solche aus Eiche oder anderen Hölzern, die aber nicht zu dünn oder zu detailreich gemustert sein sollten.

◁ 21, 22 Skizzen, jeweils auf einem 300 g/m² handgeschöpften italienischen Papier: »Tulpen". Ölpastell, 26×20 cm und »Terrasse". Ölpastell, 33×20 cm
Mit den lebhaften Farben dieser Malmaterialien lassen sich auf schnelle Weise großartige Lichtstimmungen erreichen. Da Öl-Pastellfarben transparent sind, sollte man sie besser auf einem blassen Untergrund verwenden, wie ich das hier auch mit diesem schweren, gebrochen weißen italienischen Papier getan habe. Probieren Sie ruhig einmal die blassen Ölpastelle auf dunklem Untergrund. Sie werden sehen, daß sie keinesfalls die pudrige Opazität der weichen Künstler-Pastellfarben erreichen.
Gerade das weiße Papier kann sehr effektvoll wirken, wenn es zwischen den kühnen Farbstrichen durchscheint: Sie können das sehr gut bei den fauvistischen Malern oder in einigen späteren Gemälden von Vincent van Gogh sehen. Öl-Pastellfarben lassen sich im übrigen auch gut in Kombination mit Öl-, Wasser-, Acryl- oder Gouachefarben anwenden.

23 »Villa Rufolo in Rot«. Ölpastell auf Papier, 50×40 cm
Ich fertigte eine Menge Zeichnungen und Pastellbilder von meinem Motiv, der Villa Rufolo in Ravello, bemühte mich jedoch darum, die in vielen Bildern zu diesem Thema aufscheinenden Klischees zu vermeiden. Besonders wenn Sie ein häufig gemaltes Objekt nehmen, ist es sehr wichtig, dafür einen ganz persönlichen Blick zu entwickeln und die eigene Sichtweise zu transponieren. In meinem Bild übernahmen das helle Licht des Frühjahrs, starker Wind, Zitronenbäume und Palmen neben der signifikanten Architektur diese Rolle.

24 »Französisches Interieur«. Pastell über Aquarell auf Papier, 56×40 cm
Ein Pastell auf ein Aquarell zu setzen, ist eine wunderbare Technik – aber diese will beherrscht sein! Wie leicht läßt man sich hinreißen und trägt die Pastellfarben zu stark auf, so daß die delikate Wirkung des darunterliegenden Aquarells aufgehoben wird …
Bei diesem Bild bewunderte ich wieder einmal das starke Licht auf dem gebohnerten Holzfußboden, dieses unglaubliche Licht, das selbst die dicken Hauswände alter südfranzösischer Häuser mit der Sommerhitze nicht auszusperren vermögen. Dieses helle grüne Licht draußen hebt den Kontrast der Ornamente auf den handgearbeiteten Türen und das dunkle Mauve des Tischfußes noch mehr heraus. Ich verwendete deshalb meine Pastelltöne Ultramarinblau, Mauve, Blaugrau und Grün nur sparsam, so daß der Charme des zuvor gemalten Aquarells bestehen blieb.

25 △ 26 △ 27 ▽

25–27 Zeichnungen aus meinem Skizzenbuch im Format 22×23 cm
»Pfefferschoten« waren die ersten Objekte einer Zeichnung, die später zu dem großen Stilleben »Birnen und rote Pfefferschoten« führen sollte. Sehr schön sieht man in dieser Zeichnung das Bemühen, die ideale Farbharmonie beziehungsweise -balance in den feurigen Rot-Tönen der Pfefferschoten zu finden (Abb. 25). Bei Zeichnungen solch geringer Größe verwende ich oft Conté-Stifte, die hart genug sind für diese kleinen Details.
Dann eine helle Fruchtschale auf blauem Tischtuch: Ich war mit meiner ersten Zeichnung nicht zufrieden, weil sie nicht genug Licht hatte. So malte ich das Motiv noch einmal und ließ mehr vom weißen Papier frei, um eine helle Wirkung zu erreichen (Abb. 26).

Die letzte Zeichnung zu diesem Thema ist die, welche dann tatsächlich für das Bild Verwendung fand (Abb. 27). Zeichnungen sind für die Entwicklung einer Bildidee wichtig, weil sie immer zeigen, wie sich ein Einfall fortsetzt. In meiner letzten Zeichnung erst fand ich auch die Balance der roten Schoten im Kontrast zur kühl wirkenden Senkrechten, zu Kaffeekanne und silbernen Krügen.

28–34 »Birnen und rote Pfefferschoten« – Ein Studio-Stilleben. Pastell auf Papier, 43×61 cm

Das kräftige Rot der Schoten, angeordnet auf einem Bord, sowie ihre wunderschönen, länglichen Formen, mußten in einen besonderen Zusammenhang gebracht werden, sollte die Komposition gelingen. Daher wählte ich mir als Hintergrundobjekte eine Gruppe silberner und grauer Kannen und Flaschen, die mit ihrer neutralen Oberfläche das Licht auf sich ziehen und die leuchtenden Töne der Schoten und Birnen im Vordergrund widerspiegeln und abrunden. Was für eine Freude, dies malen zu können!

Ich begann mit einigen Vorzeichnungen in Bleistift und Farbstift, um die beste Plazierung und die richtigen Proportionen auf dem Papier zu finden (vergleiche Abb. 27). Dann erst erfolgte die Zeichnung auf handgeschöpftem, rosafarbenen Papier. Warum rosa? Ich fühlte eben, daß diese Farbe im Tonwert besonders gut zu den vorwiegend dunklen Tönen des Bildes passen würde (Abb. 28).

Ich legte außerdem die Vorzeichnung vor mich hin, um so später die gleichen graublauen Töne im Hintergrund erzielen zu können, die so schön mit den roten Tönen korrespondieren. Wie üblich bediente ich mich der Diagonalen und Verhältnismaße, um die Objekte richtig zu plazieren. Zeichenkohle ist ideal, um die ersten Farbwerte auf dem rosa Grund festzulegen und die Farbstimmung des Bildes zu erspüren (Abb. 28, 29).

Dennoch ist es praktisch unmöglich, genau dasselbe »Gefühl", das in einer kleinen Vorzeichnung steckt, die man im Freien gemacht hat, auf ein im Studio gemaltes, viel größeres Bild zu übertragen. Soviel zu den Mysterien der Malerei …

Für den Hintergrund experimentierte ich mit Graublau und Graugrün und fand schließlich eine monochrome Palette mit Spuren von Violett, Ocker und Siena, um Dinge entweder nach vorne rücken oder zurücktreten zu lassen (Abb. 30). Besondere Mühe machte mir auch die Schaffung einer geheimnisvollen Atmosphäre: Stellen im Licht sollten deutlich, aber nicht vorherrschend werden, und der Lichteinfall sollte das Auge nicht von den Gegenständen im Vordergrund ablenken.

Bei diesem Bild habe ich zwischendurch die Farbe kaum fixiert, denn ich wollte besonders für den Hintergrund die Farben auf dem Papier zusammenbringen – ob mit dem Spatel, einem Lappen oder mit meinen Fingern, war egal. Das Ergebnis: Der Hintergrund bildet zwar einen Kontrast zu den Früchten vorne; dagegen wirken Spuren von Rot und Gelb in den Kannen wieder wie ein Bindeglied zwischen beiden Bereichen und schaffen den spannungsreichen Ausgleich.

35 »Winterliches Bodegon«. Pastell auf blaßrotem, handgeschöpften französischen Papier in der Proportion 3:4, 37×50 cm
Die Bezeichnung »Bodegon« steht im Spanischen als Synonym für Stilleben. Die Spanier haben eine wundervolle Art, Gemälde in ihren Bodegas oder Weinkellern auszustellen. Wer je an einem heißen Sommertag so eine kühle Bodega betreten hat, wird von der Schönheit des weichen Lichts, das auf den Flaschen, Krügen und alten Möbeln liegt, schwärmen.
Licht ist auch das vorherrschende Thema in meinem Bild, denn es hat hier die wichtige Funktion, Atmosphäre zu erzeugen. Desgleichen sind Stellung und Betonung der gemalten Objekte von großer Bedeutung, um die Ausstrahlung, die das Gemälde hat, ganz gezielt hervorzurufen.
Die warmen Farben des Hintergrundes (in der Bildmitte) werden durch die kühlen Blau- und die blassen Grau-Töne im Vordergrund (rechts) ausgeglichen. Die relativ dunkle Anlage gibt mir die Möglichkeit, einige Gegenstände zu Lichtobjekten zu machen und den Glaskrug sowie die strohumhüllte Flasche mit einer Silhouette zu umgeben.

36 △

37 △

38 ▽

39 ▽

36–40 »Frühstück für WK«. Pastell auf Papier, 47×37 cm

Ich hatte die Verwendung eines sehr speziellen Grün-Tons im Sinn, den ich im Studio ermischen wollte, und wählte daher einen apricotfarbenen Untergrund für mein Bild. Dieser würde auch im Kontrast mit den blassen Grau- und den warmen Weiß-Tönen als farbiger Hintergrund sehr gut wirken.

Betrachten Sie einmal bei der ursprünglichen Zeichnung, die mit Kohle auf dem rauhen Papier erfolgte, wie sich Balance und Harmonie durch unterschiedliche und gegenläufige scharfe Linien herauskristallisieren (Abb. 36).

Komposition will gelernt und geübt sein, um durch den geplanten Einsatz solcher betonter Linien verschiedene Effekte zu erreichen.

In der Weiterführung der Skizze benutzte ich noch die Kohle, daneben aber schon etwas Farbe als Grundton für bestimmte Teile des fertigen Bildes. Vertikale Linien betonen die Komposition, und nach dem Abreiben überschüssiger Kohlespuren fixierte ich ein erstes Mal (Abb. 37).

Nun wurden auch erste Grün- und Blaugrün-Töne sorgfältig plaziert, die den Farbtonwert festlegen und gewisse Partien der Zeichnung definieren: zum Beispiel die Tasse und die Birnen. Das Herausarbeiten des Schattens der Flasche, der so schön gegen den grünen Fond absticht und die Balance im Bildaufbau wesentlich bestimmt, bereitete mir allerdings das größte Vergnügen (Abb. 38).

Der Hintergrund im nächsten Stadium ist nun völlig bedeckt (Abb. 39) – und dennoch spielt der rosafarbene Untergrund bei der Farbdominanz nicht nur des Hintergrundes eine tragende Rolle. Mit Grau und Cremeweiß wurden Tasse und Espressomaschine eingefügt; der Lichteinfall auf die zwei Birnen darf hier zitronengelb sein.
Die Arbeit am Vordergrund beinhaltet übereinandergelegte Aufträge von Pink, Violett und Grün und das Schattieren unter den Objekten. Die Schatten des Tischtuches wurden mit Weiß überschraffiert (Abb. 40).

Wo soviel Buntheit dominiert wie hier, müssen die Farben ausgewogen verwendet werden, damit die Gesamtwirkung stimmt. Nach einem letzten Fixiergang überarbeitete ich die ganze Oberfläche noch einmal: hier änderte ich einen Farbwert, dort korrigierte ich die Zeichnung, um die Bildaussage zu intensivieren. Doch Vorsicht, denn schnell kann man des Guten zu viel tun!

◁ 41 *"Aïoli". Pastell auf Leinwand, 44×88 cm (Ausschnitt)*
Mit Kreide auf Leinwand zu zeichnen, gehört zu den ältesten künstlerischen Techniken; man denke nur an die wundervollen Studien des Faltenwurfs von Gewändern bei Leonardo da Vinci. Zudem ist die Leinwand, die an sich schon eine reiche Struktur besitzt, noch ideal durch den mittleren Tonwert als Grundton: Ganz von selbst gibt sie dem Künstler vor, wo er Glanzlichter und wo tiefes Schwarz setzen kann.
Der Gegenstand meines Bildes sind die Gerätschaften und Zutaten, die man braucht, um Aïoli, die reichhaltige und köstliche Knoblauchmayonnaise herzustellen, die eine Grundlage mediterraner Kochkunst darstellt. Der Netzvorhang hinter dem Stilleben läßt nur ein zartes, diffuses Licht in den Raum dringen. Natürlich klingt hier der Gedanke einer Hommage an die alten Meister an, wenn ich auch in der Behandlung der Objekte und des Lichts im wesentlichen meine eigene Pastellmaltechnik angewandt habe.

42 *»Verrückter März«. Bleistift, Farb- und Pastellstifte auf Papier, 42×29 cm*
Dies ist eine Studie über Schlüsselblumen. Bei dieser Art Zeichnunq müssen die Pastellstifte hart sein, um die Details der zarten Pflanzen herauszuheben. Weiche Farbstifte, die den Pastellstiften sehr ähnlich sind, solche in hart und Bleistift eröffnen eine breite Palette an Möglichkeiten. ▷

43–47 »Rosa und rote Blumen«. Pastell auf grauem Papier, 53×38 cm

Ein ganz gewöhnliches Blumenarrangement in einer chinesischen Vase war hier mein Malgegenstand, die Blumen dazu mit ziemlich dunklen Blättern, so daß mir ein blasser Hintergrund angeraten erschien. Ich begann die Zeichnung mit der Absicht, diese Blätter im Kontrast mit einer orangegelben Farbe zu zeigen. Ich nahm Kohle, um die Blumen und Blätter an die Stellen zu setzen, wo die kräftigen Farben der Ranunkeln und das Pink der Chrysanthemen oben im Bildraum am besten wirken konnten (Abb. 43). Als ich mit dieser Anordnung zufrieden war, begann ich mit dem Aufbau der Kohlezeichnung; gleichzeitig jedoch auch damit, mit einem dunklen Ocker-Ton die Blätter und die Vase stärker herauszuholen (Abb. 44). Das graue Papier im Farbklang mit dem Orangegelb gefiel mir stellenweise sehr. Das wiederum brachte mich dazu, die Blätter serienweise in graugrünen Pastelltönen zu malen (Abb. 45, 46). Ein starkes Phthaloblau an den Ecken mancher Blätter oder nahe dem starken Rot schuf an ein oder zwei Stellen des Bildes energiegeladene Spannung (Abb. 46).

In der Wahl meiner Grün-Töne blieb ich freilich zurückhaltend; sie sollten sich auf keinen Fall mit dem hellen Hintergrund oder den Rot- und Pink-Tönen der Blumen beißen. Reine, leuchtende Farbe wollte ich nur an ein oder zwei Stellen auftragen, da schon der orangegelbe Untergrund der Komposition eine äußerst starke Raumwirkung verlieh. Ein oder zwei Striche reines Rosa oder Cadmiumrot waren eindeutig genug, um die Blumen plastisch wirken zu lassen (Abb. 46, 47). Ihre dunklen, fein gezähnten Blätter betonen zusätzlich die Räumlichkeit, und die hellgrünen Töne der im Vordergrund über der Vase schwebenden dünnen Halme runden das Bild weiter ab. Durch diese überlegte Anordnung der Farben und Formen wird das Auge in die Bildmitte gezogen, die sich spiralförmig zum Licht hin zu drehen scheint.

48 "Violette Anemonen". Pastell auf Papier, 49×36 cm
Bei dieser einfachen Studie dunkelviolетter Anemonen in einer Glasvase lautet die Aufgabe wieder, das rechte Gespür für die Farben in Verbindung mit der Form zu entwickeln. Selbst bei so unspektakulären Sujets wie diesem können unglaubliche Wirkungen entstehen, wenn man den Raum um das Motiv mit einbezieht. Ich konzentrierte mich besonders auf die Farbe des Hintergrundes: Durch Ändern, Ausreiben und Übermalen probierte ich so lange spielerisch herum, bis die Anemonen, die zu meinen Lieblingsblumen zählen, so heiter und lebensecht wirkten, wie ich sie haben wollte.

49 »Strauß II«. Pastell auf Papier, 55×36 cm
Dies ist ein Blumenbild, bei dem auf eine exakte Zeichnung zugunsten der reinen Farbe verzichtet wurde. Die leuchtenden Rosa-, Gelb- und Mauve-Töne der Blumen erwachen, über Aquarellgrund aufgetragen, zu eigenem Leben. ▷

50 »Alte Rosen«. Pastell auf Papier, 31×40 cm
Im frühen Januar erhielt ich einen Strauß langstieliger, tiefdunkelrosa Rosen als Geschenk, die den ganzen Raum mit ihrem starken und süßen Duft durchzogen. Als sie dann jedoch verwelkten, wurde aus dem kräftigen Rosé ein dunkles Rosa, Orange und Ockerfarben.
Um Blumen zu malen, sieht sich jeder Maler seiner größten Herausforderung gegenüber, die allerdings auch zu den schönsten Ergebnissen führen kann: Jeder Künstler, jede Künstlerin steht hier vor der Aufgabe, eine eigene Lösung für das Problem zu finden, wie man mit Farben und Formen am besten umgeht. Es handelt sich ja nicht darum, eine genaue Kopie der Blumen anzufertigen, dies kann jede Kamera weitaus besser. Man muß vielmehr beim Blumenmalen einiges über das Licht, die Form und den Raum dazulernen.
In diesem Beispiel habe ich die Blumen ganz bewußt als Farbtupfer im Raum gemalt und in gleicher Weise das Schattenmuster oben auf dem Tisch oder Licht und Schatten in der Vase. Die Spuren von Grün zwischen dem Rosa und ebenso oben auf dem Tisch sind gerade deshalb von Bedeutung für die Ausgewogenheit der Farbe, als die Grundfarbe des Papiers ein Blauviolett ist, das mit den Pink-Tönen ebenso zusammenpaßt wie mit den braunen und grünen Tönen.

51–56 »Kleines Bukett«. Pastell über Aquarell auf Papier, 55×36 cm
Nachdem ich die Blumen, roséfarbene Lilien und Margeriten, im Glaskrug ganz schlicht angeordnet hatte, verwendete ich ziemlich viel Zeit darauf, mit Wasserfarben den Malgrund für dieses Bild auf einem guten, maschinell gefertigten Hadernpapier vorzubereiten (Abb. 51).

Meine Absichten waren die folgenden: Zunächst wollte ich eine Reihe von Hintergrundfarben haben, die die verschiedenen Farbtöne der Blumen gut unterstreichen und herausheben würden. Dann wollte ich für das sehr komplexe Muster der Stiele und Blätter unter und um die Blumen herum eine regelrechte Textur und damit Vielschichtigkeit erzeugen. Nicht zuletzt wollte ich dem Licht, das als Diagonale von rechts nach links durch das Bild lief und auf dem Tischtuch unter der Vase ein Muster malte, genau diese Richtung geben.

Die Technik, Wasserfarben zu verwenden, gleicht im übrigen jener, wo der Künstler verschiedene Pastellfarben als Basisfarben auf das Papier reibt, diese fixiert, um nach dem eigentlichen Farbauftrag besondere Farbtiefe im Bild zu erzielen.
Wasserfarben können auch aufgetragen werden, während man mit Pastell arbeitet. Legt man sie auf die Pastellfarben, ist die Wirkung alles andere als konventionell. Oft mischt sich das Pigment der

Pastellfarben mit den Wasserfarben, wenn diese aufgespritzt oder -gesprüht werden. Beim Trocknen ergeben sich dann unerwartete Wirkungen, die häufig zu völlig neuen Inspirationen führen. In meinem Bild reizten mich besonders die tonalen Unterschiede der Farben: Der dunkle Hintergrund über dem Bukett, die mittelwertigen Grün- und Grau-Töne in der Bildmitte und die Lichter und Schatten unter der Vase. Ich verwendete hauptsächlich nur Grau und Grün, gab jedoch hier und da einen »Spritzer« von rotviolettem Chinacridon hinzu.
Als die Wasserfarbengrundierung trocken war, bot diese Art der Oberflächenbehandlung nun alle Möglichkeiten, mit den Pastellfarben auf der reich strukturierten Grundierung weiterzuarbeiten. Besonders bei Blumenmalereien ist das ideal, denn gerade da verdirbt manchmal eine zu detailreiche Ausarbeitung der Blumen ein Bild.

57 »Die letzten Geranien«. Pastell auf grauem Papier, 52×35 cm
Dies ist wiederum ein Beispiel der »Stilleben auf dem Tisch«, in denen ich aus einer viel größeren Gruppe von Objekten eine gewisse Anzahl ausschnitthaft auswähle (vergleiche auch Abb. 1–4). Diese Auswahl zu treffen, ist sehr wichtig für die künstlerische Arbeit, denn manchmal kann man oder will man nicht alles malen. Hier gefiel mir besonders, wie das von oben herabgefilterte Licht auf gewisse Gegenstände fällt und unter den Blättern und um die Früchte herum reiche Schatten legt. Das dunkelgraue Papier eignet sich außerordentlich gut, um nicht nur diesen Kontrast zu schaffen; es bietet zudem einen sehr schönen Untergrund, auf dem ich die tiefen Pink-Töne, die blassen Grüns und das Ocker auftragen konnte. Violett, Blau und Dunkelgrün führen das Auge nach oben und hin zu der Mispelfrucht, die über dem Tisch hängt. Sie wird, da sie just in dem Moment von einem brillanten Lichtstrahl getroffen wird, zu einem echten Hingucker.

58 »Hortensie«. Pastell auf Papier, 36×52 cm
Das Muster von Blättern und Blütenblättern in dieser Blume, das zudem durch Efeu und verschiedene andere Pflanzen verdichtet wird, wurde mit Aquarellfarben begonnen, die sehr rein und wenig verdünnt aufgebracht wurden. Nach der Festlegung der Komposition hatte ich somit einen reichen Untergrund zur Überarbeitung mit Pastellfarben. Es ist jedoch ratsam, das Pastell nicht zu dick zu verwenden, um die Schönheit der Untermalung nicht zuzudecken; sehr gut arbeitet es sich übrigens auf schwerem Amalfi-Aquarellpapier. ▷

59 »Kleiner Garten«. Pastell auf Papier, 26×23 cm
Diese Studie zeigt die Reduzierung des Bildes auf das Licht, was stärkste Kontraste zutage fördert.

60 »Allee«. Pastell auf Papier, 29×24 cm
Grau- und Violett-Töne lassen blaßgrünes und oranges Licht ganz real wirken. Und sehen Sie nicht auch, wie sogar in diesem kleinen Bild durch raffinierte Sprenkelwirkung reflektiertes Licht nach oben geworfen wird?

61 »Kleine grüne Äpfel«. Pastell auf Papier, 64×46 cm
Farbe ist hier einfach alles – und die Farben werden so frei verwendet, daß sie nur durch einige sorgsam plazierte, wirkungsvolle Elemente, wie den tiefen Schatten rechts und die Andeutung eines Gebäudes links oben,

zusammengehalten sind. Es genügt, eine Farbe sorgsam neben die andere zu setzen, um starkes Licht und Schatten »auszulösen". Ich machte reichlich Gebrauch von den heute erhältlichen, kraftvollen Chinacridon-Rot-Tönen, die so gut mit Ultramarin- und Kobaltblau zusammenpassen. Das Tiefblau rechts ist Preußischblau in voller Farbintensität.

62 »Hommage I«. Pastell auf Papier, 27×37 cm
Eine weitere Übung in »Chiaroscuro«, wird die Pastellfarbe wieder sehr direkt und unkompliziert eingesetzt. Für starke Unterschiede in den tonalen Farbwerten können Sie kein idealeres Malmedium zur Hand nehmen und erzielen zudem schnelle und spannungsvolle Effekte.

*63–65 »Kleines Strandhaus« – »Häuser von Damgan« – »St. Goustan«
Diese drei kleinen Bilder im Format 18 × 23 cm vermitteln, so hoffe ich, was man mit Pastellfarben erreichen kann, wenn man mit schnellem Strich und direktem Farbauftrag (ohne Untergrund) vor Ort arbeitet. Mit Linien und Farbblöcken kann man wechselnde Lichtverhältnisse, wandernde Wolken, bewegte Menschen- und Tiergruppen unmittelbar festhalten – die Pastellmalerei ist bei schnellen Effekten einfach unschlagbar!*

*66 »Hommage II«. Pastell auf Papier, 24×26 cm
Hier ist ein weiteres Mal die Farbe Garant für die Entstehung von Atmosphäre. Mit einer tiefrosa Grundierung, die in das Papier eingerieben wurde, entsteht zudem das Gefühl von Wärme. Auf diesem Untergrund ist es zwar nicht leicht, Farben zu harmonisieren, aber durch die Verwendung von Orange und Pink wird das tiefe Grau imposant.* ▷

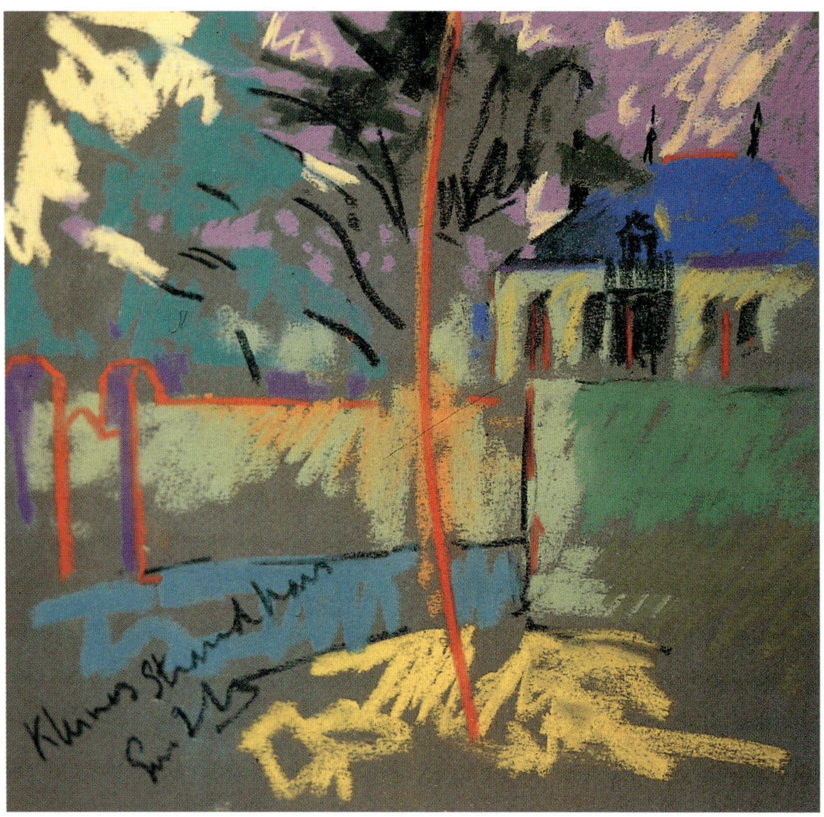

Hommage II
Smith

67–69 »Austernbank« – »Kleine Flußmündung« – »Schmale Klippe«
Diese Bilder gehören zu der auf Seite 50 vorgestellten Serie im Kleinformat 18× 23 cm. Das Papier in meinem Skizzenbuch ist mal mittelgrau, mal braun oder weiß. Zum Schutz der einzelnen Blätter habe ich Seidenpapier dazwischengelegt; so konnte ich mich, unbehindert von Staffelei oder Malbrett, frei bewegen und während meiner Wanderung entlang der britischen Küste jederzeit Halt machen und meine Skizzen anfertigen.
Ich kann nur immer wieder betonen, welche Freiheit die Pastellfarben dem Künstler bieten, der das Lichtspiel auf dem Wasser, den Wind in den Bäumen und ganz besondere, ansprechende Farbharmonien spontan zu Papier bringen will.

70 »Zwei Städte«. Pastell auf Papier, 38×56 cm
Die Farbe schafft hier die geheimnisvolle Stimmung. Die Zeichnung ist, auch wenn sie absichtlich ohne Details angelegt wird, zur Entschlüsselung des Landschaftscharakters sehr wichtig. Eine Distanzwirkung kann etwa durch ein so simples Mittel wie strahlenförmige Bänder mit den richtigen Intervallen erreicht werden, oder aber durch die passenden Tonwerte. ▷

71 »Gelbe Formen«. Pastell und Ölpastell auf Papier, 50×40 cm
Diese Studienarbeit zu Formen der Landschaft und zur Farbe begann mit einer dicken Schichtung von starkem Gelb und Braun auf dem Papier. Die Öl-Pastellfarben wurden mittels Terpentinöl und Lappen in das handgefertigte Papier eingerieben. Nachdem das Terpentin trocken war, hatte ich eine höchst anregende Oberfläche zur Verfügung, auf der ich das Bild mit Pastellfarben vollendete.

72 »Menorca am Spätnachmittag«. Pastell und Kreide auf weißem Papier, 33×42 cm
In den 80er Jahren entstand eine Serie von Skizzen, Aquarellen, Radierungen und Pastellbildern, die ich vor Ort für eine Galerie auf den Balearen schuf: Zu ihr gehört dieses Bild, das ich mit harten Pastellstiften und Kreide malte. Es zeigt den Monte Toro und die umgebende Landschaft, deren Farben die Sommersonne bereits stark ausgebleicht hat. Allein die widerstandsfähigen Pistaziensträucher heben mit ihren dunkelgrünen Formen die Konturen von Hügeln und Tälern dieser kargen Gegend hervor. Die hohen Gräser sind schon lange verblüht, und die Samen stehen nach oben gereckt: irgendwie erinnern sie mich an Schmuckfassungen für edles Geschmeide … ▷

Menorca
late afternoon
Sun

73 »Jagdreviere«. Pastell auf Papier, 38×55 cm
Dies ist für mich die ureigenste Form des Pastells: Die Reinheit der Farbe, die Art, wie ein dunkler Vordergrund im warmen Tonwert entsteht, indem ich mit Grün und Rot oder leuchtend gelbem Licht, das in der Ferne verschwimmt, Farbwerte fließen lasse. Im spontanen Arbeiten lassen sich Ideen sehr schnell festhalten. Ich kann sie entweder weiterentwickeln oder während des Schaffensprozesses wieder vernachlässigen.
Dieses Vorgehen sollte dann dazu führen, daß Sie schon während der Arbeit hunderte von Lebensvorgängen unvermutet wahrnehmen: das Hin- und Herhuschen zuvor unsichtbarer kleiner Geschöpfe, wie Insekten, oder die plötzlich auftauchende Flanke eines Eichhörnchens auf Nahrungssuche, oder, im schnellen Blick auf den Boden, ein glänzend grüner Käfer. Das schärft Ihren Blick und es wird Ihre Mallektionen unendlich bereichern, wenn Sie diese neuen Erkenntnisse in Ihr entstehendes Werk mit aufnehmen.

74 »Scheune in Rongas«. Pastell auf Papier, 55×74 cm
Die großformatige Studie der Pflanzen und ihrer Formen sollte etwas von dem Reichtum der Vegetation eines sommerlichen Feldes erahnen lassen. Es ist tatsächlich oft so, daß man mit dem Blick auf eine Landschaft kaum die Pflanzen wahrnimmt, die sich unmittelbar vor unseren Füßen befinden. Daher habe ich hier den Hintergrund mit Absicht in blassen Farben gemalt, die neben der Entfernung die Hitze ahnen lassen. So konnte ich mich ganz den vielfältig verschlungenen Gräsern, Halmen und Blättern vor mir widmen.

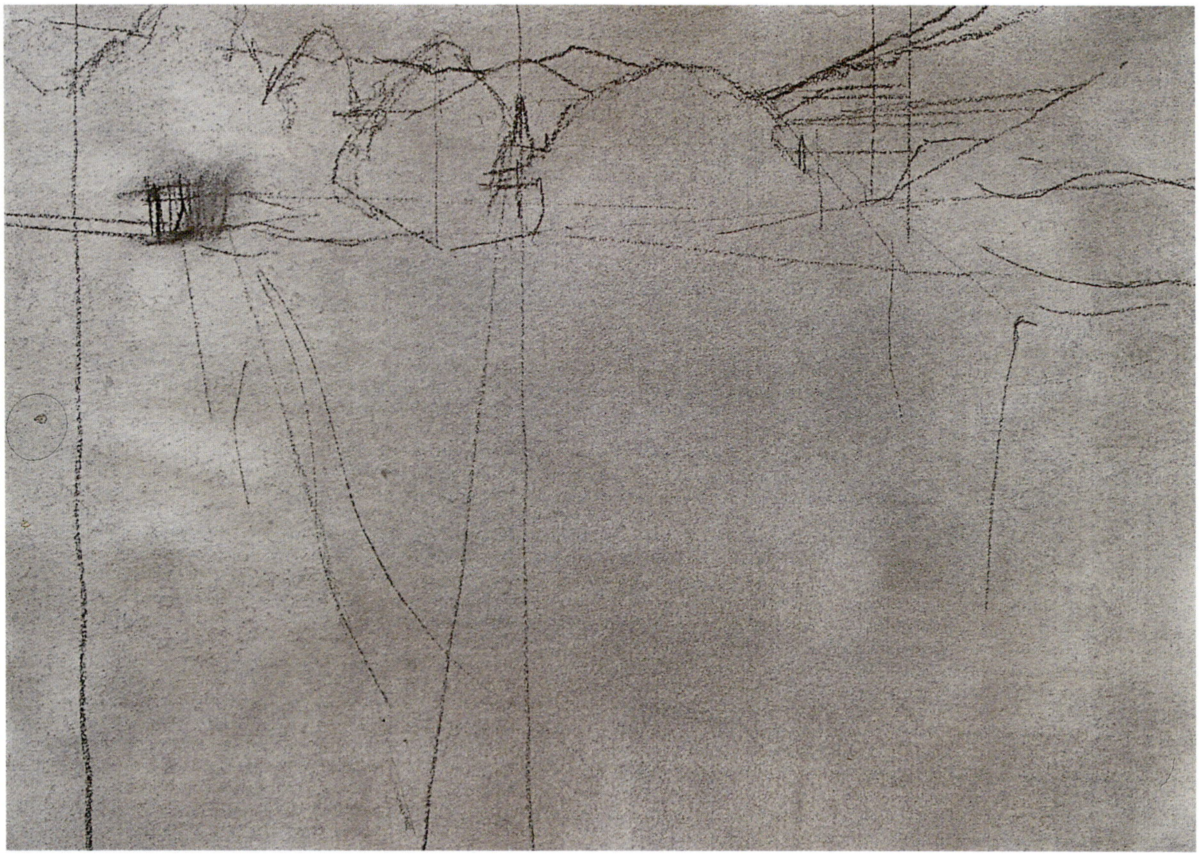

75–81 »Wiesenpfade«. Pastell auf Papier, 55×75 cm
Zunächst hatte ich die Idee, die Landschaft ganz oben im Bild beginnen zu lassen, um mir reiche Möglichkeiten bei der Ausgestaltung der Gräser und Sträucher, die im Vordergrund wuchsen, freizuhalten. Dann entschied ich mich doch dafür, den alten Pfad, der durch das Feld bis zu meinem Sitzplatz führte, mit einzubeziehen. Die erste Skizze (Abb. 75) zeigt, wie ich die Idee festgehalten habe.

Mit dem Einfügen eines Streifens Himmel und einiger Farben der fernen Landschaft mußte ich mir darüber Gedanken machen, welche Farben meine Eindrücke der Umgebung am besten wiedergeben würden (Abb. 76).

Ich nahm wärmere Töne für die Bäume und die Schatten und gestaltete den Vordergrund fast wie ein Tischtuch, das unter einem Baum zum Picknick ausgebreitet wird (Abb. 77).

Das Licht in einem sommerlichen Feld scheint mir immer von irgendwoher aus dem Gras selbst zu kommen, und das Gelb verdichtet sich mit dem Blaßgrau zu einer der Grundfarben (Abb. 78).

Auf der rechten Seite wird das Licht von ockerfabenen und roten Hügeln mit einer horizontnahen Linie grüner Eichen aufgenommen. Mit hellem Cadmiumrot über dem Grau des Grundes suchte ich die kräftigen Rot-Töne der Pflanzen direkt vor mir wiederzugeben (Abb. 79). Gerade wenn man ein Objekt konkret vor der Nase hat, wird es mit dem Malen schwierig: Jede Pflanze ist so komplex in ihrer Schönheit und damit fast unmöglich im Detail zu malen. Meine Lösung, mich in der Farbgestaltung aus der Affäre zu ziehen, ist also nur eine von vielen möglichen.
Den richtigen Moment nützend, in dem das Licht nach Wunsch einfiel, malte ich die Schatten in die Bäume und die Hügel ein sowie die Unterzeichnung für den Bereich um den Pfad. Dieser vermittelt mir sehr nachhaltig, auf welche Weise sich die Landschaft bis zu mir ausweitet.

Da das Licht das Element ist, welches uns eine Landschaft wirklich erkennen läßt, ist dies der entscheidende Moment für den Landschaftsmaler: Nur auf diesen Moment arbeitet er hin, für ihn schafft er die Voraussetzungen, wenn er seine Skizze strukturiert und die richtigen Grundfarben für die Unterzeichnung aufbringt. Dann erst ist der Boden bereitet für jenen schnellen, entscheidenden Augenblick, in dem er mit dem Licht den Genius loci zu bannen vermag.
Die Arbeit am Vordergrund nähert sich hier der Vollendung (Abb. 80): Die zahlreichen Vorarbeiten ermöglichen es nun, einige Pflanzen, etwa durch Blattformen, genauer zu definieren. Und plötzlich schweben auch Blüten über der dichten Masse ineinanderverwobener Pflanzen (Abb. 81). ▷

82 "Südwind". Pastell auf Papier, 50×75 cm
Das Studium der wechselhaften Stimmungen einer Landschaft – die sich schnell bewegenden Wolken, das Sonnenlicht, das einmal hier und einmal dort die Formen heraushebt – kann für den Maler zu den spannendsten und auch herausforderndsten Aufgaben werden: er muß schließlich den richtigen Moment erfassen, der seinem Bild eigen sein soll – und er muß ihn ganz schnell mit Stift, Kohle oder Pinsel festhalten, bevor diese Wirkung verschwindet.
Wie dies im allgemeinen üblich ist, wird er also mit einer Kompositionszeichnung beginnen, in die er schon bis zu einem gewissen Detaillierungsgrad die Formen der Landschaft einträgt. Bereits hier kann er die sogenannte Luftperspektive (die Art, wie die sich nähernden Wolken immer größer und dunkler werden) vorgeben und anschließend die Hauptfarben einfügen, auf denen er aufbaut.
Genauso bin ich bei diesem Bild vorgegangen. Ich beschränkte allerdings die Zeichnung auf ein Minimum, fügte den Himmel und die Töne in der fernen Landschaft schon recht früh ein und ließ den Vordergrund bis zuletzt unbeachtet. Kleine Abstimmungen beim Licht in der Bildmitte erfolgten dafür ständig.

83 »Das rote Feld«. Pastell auf Papier, 54×72 cm
Es zeigt meinen Versuch, starke Farben in einer figurativen Landschaft gegeneinander auszubalancieren. Die reelle Wiedergabe der Gegend dient mir als Rahmen, um darin die hellen Rot-Töne, Violett- und Grün-Töne unterzubringen. Ein wichtiges Augenmerk liegt auch auf der Straße und auf ihrer symmetrischen Entsprechung in einem Hügel links. ▷

84–88 »An der Mühlenbrücke«. Pastell auf Papier, 56× 76 cm

In dem scheinbaren Durcheinander aus einem Flußtal, einer alten Brücke, Scheunen, Geröllblöcken und Bäumen am Ufer blitzt und blinkt das Licht zwischen den Blättern auf. Hier lautet die Aufgabe nicht, das alles auf das Papier zu bringen – das wäre unmöglich –, vielmehr wollte ich dem Geheimnis des Ortes auf die Spur kommen – und dem, was ich bei seinem Anblick spüre.

Dies kann auf vielerlei Arten verwirklicht werden: Man könnte zum Beispiel die geometrischen Formen wie Mondrian auf reine, einfache Farbblöcke zurückführen oder die vortretenden Formen herausgreifen und die Farben ändern, wie es Schmidt-Rottluff getan hat.

Ich habe in einer Mischtechnik gearbeitet: Der Untergrund mit Aquarell gibt die Komposition vor, und die verschiedenen Pastelltöne erzielen in einem Bild, das zunächst sehr gut auch ein Blumenbild sein könnte (Abb. 84–86), Perspektive und Proportionen, die den Charakter des Ortes definieren. Die klaren Strukturen ermöglichen einen sehr freien Umgang mit den Pastellfarben.

89/90 »Iris am Morgen«. Pastell auf Papier, 50 × 34 cm
»Iris am Abend«. Pastell auf Papier, 50×34 cm
Diese beiden Gemälde sind im wesentlichen Studien zum Thema Licht und zeigen, wie dieses den Charakter eines Objekts völlig verändern kann. Aus eigener Erfahrung wissen wir alle etwas über »stimmungshaftes Licht« in unserem Heim – wie wir etwa mit Dimmern eine intimere Atmosphäre schaffen können. Während in nördlichen Ländern das Licht – selbst wenn die Sonne scheint – sehr bleich, sanft, oft durch Dunst gefiltert und daher stimmungsvoll erscheint, ist es im Süden meist nur klar und damit auch hart.
Leider bringen nur wenige Maler die verschiedenen Effekte des Lichts beim Arbeiten im Freien in ihre Bilder ein. Es ist eine sehr sinnvolle Übung – ob für die eigene Arbeit oder im Unterricht –, einmal recht schnell eine Lichtstimmung in einer kleinen Skizze einzufangen, um sich dann um 180° zu drehen und zu skizzieren, was nun zu sehen ist. Das Licht (direktes Licht und Gegenlicht) wird in jedem Fall verblüffend unterschiedliche Ergebnisse bringen.
Die beiden hier vorgestellten Gemälde sind eine Variation dieser Technik: Das erste wurde sehr früh am Tag begonnen und das zweite spät am Nachmittag. Denoch waren der Betrachtungswinkel und auch das verwendete Papier dasselbe. Selbst die Komposition war gleich – Abweichungen sind hauptsächlich auf das verschiedenartige Licht zurückzuführen, das zu den jeweiligen Tageszeiten auf die Landschaft fällt.

◁ 91 »Les Salles im Herbst«. Pastell auf Papier, 44×60 cm
Les Salles ist ein kleines Dorf im »Midi«, in Südfrankreich, und mit seinen Walnußbäumen und alten Steinhäusern typisch für die Region. Kaum ein Haus hat einen eigenen Garten oder nur eine Mauer, die ein Gehöft vom anderen abgrenzt. Für den Landschaftsmaler ist eine solche Topographie nicht nur interessant, sie ist eine wesentliche Dominante, wenn wir die Landschaft wirklich wahrnehmen wollen. Diese entwickelt sich über die Jahrhunderte und spiegelt den Nutzen, den wir aus dem Land ziehen.
Hier in Les Salles als abgelegener Gegend war immer das Ziehen von Gemüse und Früchten für den Eigenbedarf von Bedeutung. Die Dorfbewohner legten dazu steinerne Terrassen an und pflanzten schattenspendende Bäume.

In meinem Bild findet sich die Stimmung eines heißen Herbsttages, an dem das tiefe Blaugrün der Blätter und die ersten Orange- und Gelb-Töne wie eine Explosion der Farben wirken: ein wahres Feuerwerk, in dem die alten Häuser wie gebrannte Ziegel stehen. Ihre Tür- und Fensteröffnungen halten in ihrer streng geometrischen Form die Komposition zusammen und bewahren das Bild davor, zu einem bloßen Muster von Farbflächen zu werden.

92 »Grüner Himmel«. Pastell auf Papier, 43×60 cm
Das Dorf in Südfrankreich, das sich an einen kleinen Hügel schmiegt, ist berühmt für seine Kirschen, Pfirsiche und Aprikosen, die in dem weiten, fruchtbaren Tal gedeihen. Am meisten reizt mich bei seinem Anblick die Art, wie seine Gebäude scheinbar aus dem Hügel herauswachsen – in die Sonne hinein, die ihnen die Farbe provenzalischer Töpferware verliehen hat. Die üppige Vegetation und die gewaltige Hitze bringen starke Farben und Formen hervor. Obwohl ich die Häuser und Hügel schon viele Male gezeichnet habe, suche ich bei diesem Bild ganz bewußt nach der Harmonie der reinen, kräftigen Farben: Die glühenden Töne stehen für die kraftvolle, satte Schönheit dieses Tals, mit seinen riesigen, tiefgrünen Feigenbäumen, dem Klang einer Kirchenglocke in der Mittagshitze, der Farbe von reifem Gras.

93 △

94 △

95 ▽

96 ▽

93–97 »Rasa Toscana«. Pastell auf Papier, 56×76 cm
Der Charakter aller Dinge liegt in der komplexen Natur ihrer Proportionen. Testen Sie das, selbst wenn Sie sich sicher sind, ein Lieblingsobjekt in und auswendig zu kennen.

In meiner ersten Anlagezeichnung mit der Kohle bringe ich mit den Vertikalen der Zypressen Tiefe in die toskanische Landschaft ein (Abb. 93); dabei ist es äußerst wichtig, daß auch die Höhen und Weiten stimmen, bevor ich überhaupt an die Farbe denke.

Um die meinem Gefühl nach richtige Stimmung für diesen Ort zu haben, ließ ich mir für das Bild Zeit. Die Toskana wird ja leider viel zu oft als eine Gegend wiedergegeben, in der endloser Sonnenschein herrscht und es nichts als überbordende Fruchtbarkeit gibt. Nun war das Wetter stürmisch und launisch, und das Land von einer Decke aus Nebel und Nässe fast gänzlich zugedeckt. Die Spannung zwischen Himmel und Erde kommt in der expressiven Farbigkeit hervorragend zur Geltung.

98 »In der Tiefe des Gartens«.
Pastell auf Papier, 52×71 cm
Das großformatige Bild läßt uns ein wenig von der verschwenderischen Fülle der Natur im Frühsommer ahnen. Wenn auch seine Komposition recht einfach ist, ist die Raffinesse des aufwärts gerichteten Blickwinkels kaum zu übertreffen: Die ganze Vegetation scheint sich nach oben zu recken, um dann in einen Pfad abzutauchen, der diagonal durch das Bild verläuft.
Mit einem Minimum an Zeichnung und einem Höchstmaß an Farbe und Farbschattierungen werden Perspektive, Tiefe und Distanz erzeugt. Die fast schon pointillistische Technik kleiner Pastelltupfer ermöglicht es mir, den Artenreichtum der Pflanzen aufs schönste wiederzugeben.

99 »An der Kapellenmauer«. Pastell auf Papier, 48×75 cm
Die Art, wie dieses Bild ein Eigenleben gewann, stellte mich ganz besonders zufrieden. Da findet sich plötzlich diese Diagonale blasser Gräser durch das Gemälde, und die zwei betonten Vertikalen im Vordergrund (die beiden Pfosten) führen das Auge wie von selbst in den dunklen Baumschatten in der Bildmitte; nicht zuletzt tanzt das Licht auf den alten Gerätschaften unterhalb der Kapellenmauern wie auf den überhängenden, tiefgrünen Zweigen. Wo die Blätter im Schatten liegen, habe ich außerdem zuvor eine tiefrote Unterzeichnung angelegt.

101 »Sonne im Oktober«. Pastell auf Papier, 51×66 cm
Die Oktobersonne verzaubert Formen und Farben, weswegen die Landschaftsmaler diesen Monat auch ganz besonders schätzen. Der Herbst ist für viele eine Zeit der Gefühle, und diese finden sich dann leider in vielen süßlich geratenen Bildern wieder. Für mich ist dagegen eine Landschaft niemals sentimental, sondern voller Bewegung und ständig im Wandel in die nächste Jahreszeit hinein. So soll auch der außerordentlich starke Kontrast zwischen den dunklen Zypressen und dem Gelb wie dem Gold der Weinberge und Bäume eine vibrierende Komposition schaffen. Durch die kraftvollen Linien der Hügel und die vorgegebene Richtung, wie die Weinreben zum Talgrund hin verlaufen, könnte man bei diesem Bild fast schon von einer surrealen Bildwirkung sprechen.

100 »Hundehütten in Les Nières«. Pastell auf Papier, 47×60 cm
Dieser komplexe Malgegenstand basiert auf einem Minimum an Zeichnung, um die Komposition zusammenzuhalten. Das Dorf verbirgt sich unterhalb der windzerzausten Bäume auf dem Hügel, und die Häuser erscheinen durch diese Bäume hindurch gesehen.
Besondere Aufmerksamkeit schenkte ich der Architektur: Die Art, wie die Häuser über der Landschaft sitzen, wird vom Blick bestimmt, der von unten auf sie gerichtet ist. Das gibt der Komposition eine »erhebende« Qualität, die sich sehr günstig und belebend auswirkt. Die tiefen Schatten zwischen den Bäumen wiederum ermöglichten es mir, mit den gelben Wildblumen im Vordergrund den Farben allgemein Distanz- und Tiefenwirkung zu verleihen. Sind in einem Bild so wenig geometrische Formen enthalten wie in diesem, muß die Angabe ihrer Position sehr genau sein, damit die Aussage gelingt.

102 »Die blauen Farben des Südens«. Pastell auf Papier, 42×55 cm
Ich benötigte mehrere Tage, um die reiche Struktur dieser Landschaft ganz zu erfassen. Das Flußtal, der fruchtbare Boden und die Hügelflanken mit ihren Weingärten, aber auch die Felsen und ein aufgelassener Minenschacht in der Ferne waren in die Komposition mit einzubeziehen: All das wollte ich mit wenig Farben, hauptsächlich allen verfügbaren Blautönen meiner Palette, auf die Maloberfläche bringen – als eine »Studie in Blau« der Ebenen, der Diagonalen und Vertikalen.
Dabei wandte ich auch wieder eine meiner Lieblingstechniken an, bei der der Bildraum durch Gegenüberstellung von hervor- und zurücktretenden Farben auf einmal flach wirkt. Im Himmel und in der Bildmitte habe ich dagegen die verschiedenen Farben ineinanderverwoben, so daß das Auge ständig zwischen Vorder- und Hintergrund in Bewegung bleibt.

103 »In Les Sauzes«. Pastell auf Papier, 54×76 cm
Die Struktur dieser Landschaft mit ihren steil ansteigenden Hügeln und tiefen Tälern sowie ihrer spärlichen Vegetation wurde zunächst in einer sehr sorgsam ausgearbeiteten Skizze festgehalten, um sie wirklich zu verstehen. Erst dann begann ich mit der Farbe, wobei die Hügelrücken und Bauernhöfe nahe einer Ortschaft eine sehr reiche Behandlung erfuhren.
Wenn man die Farbe so intensiv einsetzt wie ich hier, wird es schwierig, die Farbtöne auszubalancieren. Um mit diesem Problem fertigzuwerden, habe ich eine recht traditionelle Technik verwandt. Die fauvistischen Maler hatten nämlich entdeckt, daß man sehr wohl starke, reine Farben nebeneinander plazieren kann, wenn man zwischen ihnen etwas Raum läßt, so daß die Untergrundfarbe durchscheinen kann. Diese als erste aufgebrachte Farbe gibt dem ganzen Bild eine eigene Harmonie, der es auch nicht schadet, wenn man Farben zusammenstellt, die sich ansonsten beißen würden.

104 »Blasse Häuser«. Pastell auf Papier, 63×49 cm
Dieses Werk beschäftigt sich mit den Themen »Entfernung« und »Oberfläche« und zeigt, wie der Künstler mit Farbe und einem Minimum an Skizzierung die Illusion der Ferne erzeugt. Und tatsächlich ist hier die Zeichnung so zart, daß die Komposition nahezu abstrakt wird. Meiner Meinung nach ist das der beste Zugang zum Pastellbild: Trägt man nämlich die Farben reichlich auf einen Untergrund auf, der schon alleine für sich ansprechend wirkt, wie etwa handgeschöpftes Papier oder Leinwand, wird das Gemälde ein Eigenleben führen, das mit dem Malgegenstand nichts mehr zu tun hat.
Obwohl das Licht bei dieser Arbeit nicht die erste Priorität innehatte, gibt es doch durch viele Einzelheiten Kontraste und Schatten: die dunklen Stengel der Pflanzen, die weißen Tupfer wie von Lichtreflexen oder von Blumen und dann noch die Häuserfassaden, die zunächst als Farbpunkte wirken, bis das Auge ihre Bedeutung für die Oberflächenwirkung wahrnimmt.

105 »Herbstfarbe«. Pastell auf Papier, 45×59 cm
Diese Landschaft mit den Gebäuden wurde zu einem Zeitpunkt im Herbst gemalt, an dem die Grün-Töne wirklich scharf und hell sind und das Wetter noch warm ist. Ich beendete das Bild in einer Sitzung, sozusagen in Windeseile, um das flutende Licht und die luftigleichte Atmosphäre dieses Nachmittags nicht zu verpassen. Die dunklen Blau-Töne am Horizont und das im Schatten liegende Blattwerk der Bäume halten die Komposition zusammen. Mit den leuchtenden, kontrastierenden Farben gelang es mir, die von Licht und Luft geprägte Stimmung wirklichkeitsgetreu einzufangen. ▷

106 »Pergola«. Pastell auf Papier, 25×37 cm
Bevor ich dieses Bild zu malen begann, brachte ich reichlich Zeit damit zu, die sich mir bietende Perspektive – eine schattenspendende, kräftige Pergola nahe einem Weinberg, umrankt von Echtem Wein – zu studieren. Der anfangs unkompliziert wirkende Blick über ein Feld erwies sich bei längerem Betrachten als raffiniertes perspektivisches Puzzle. Rechts im Blickfeld zogen sich riesige Platanen an einer Landstraße entlang, um dann in einem Tal zu verschwinden, und über mir stand die kleine Stadt und standen die Hügel, unwirklich blau in der Sommerhitze.
Die Farben berauschten mich: Der rotviolette Schatten, das Tiefblau unter der Pergola (rechts Mitte) und Gelb, Rot und Grün dort, wo das Licht durch die Bäume nach unten gefiltert wurde. Dazu kam noch die Teilung des Raumes durch die vertikalen Baumstämme und die waagerecht verlaufenden Straßen und Schatten. Diese Landschaft stellte eine veritable Herausforderung für mich dar …

107 »Felsenbecken in Cours«. Pastell auf Papier, 32×51 cm
Ein tiefes Felsenbecken in einem engen Tal – ein solcher Ort muß einfach magische Qualitäten haben, besonders im Frühsommer, wenn noch genügend Wasser über die grauvioletten Felsen in das Becken rinnt. Auf der einen Seite befindet sich eine Gruppe von Haselsträuchern, und ich habe mein Bild aus dem Blickwinkel zwischen diesen Sträuchern hindurch gemalt, die ihre Wurzeln ins Wasser hängen lassen. Dadurch wurde der Vordergrund nicht nur durch einen pflanzlichen Rahmen für die Felsen und das Wasser darüber strukturiert – im Schatten waren die Farben unter den Sträuchern auch reich an Kontrasten.
Die Kunst der Landschaftsmalerei liegt sehr oft auch in der Vereinfachung. Zu viele Details oder zuviel Farbe, und schon geht das Konzept nicht auf: Die Bildoberfläche wird zu bunt und die Schönheit des Objekts geht verloren. Ich habe mein Bild daher so angelegt, daß es an der Grenze zum Abstrakten ist. Wenn keine Architektur oder menschlichen Figuren auf einem Bild sind, kann man sich mehr auf die Farbe, Tonwerte und Form konzentrieren und dadurch auf neue Ideen kommen.

108 »Ruinen am Fluß«. Pastell auf Papier, 69×51 cm
Dieses großzügige, schwungvolle Pastell einer südfranzösischen Landschaft mit Ruinen hoch über der Flußbiegung malte ich an einem frühen Frühlingstag. Noch waren die Blätter an den Bäumen nicht herausgekommen; dennoch konnte man bereits den Zauber des Frühlings allenthalben verspüren. Das Phänomen von Wärme und starkem Licht wird fast allein von der Verwendung kleiner Flächen in blassem Gelb, Rot oder Ocker hervorgerufen – dazu gehört aber auch der grünlich blaue Himmel, der bei trockener Witterung im Süden so typisch ist.
Im oberen rechten Teil bildet ein leuchtendes Himmelblau einen sehr schönen Kontrast zum dunklen Blattwerk der frühlingsfrischen Bäume. Selbstverständlich nutzte ich auch viele Farben aus der Palette des Himmels, um den schnellfließenden, sprudelnden Strom lebendig werden zu lassen. Ich setzte dunkle Blau- und Blauviolett-Töne direkt neben grüne Umbra, Ocker und Grüngrau. Diese Farben erwiesen sich als Schlüsselfarben: Atmosphäre entsteht durch das dichte Nebeneinander von intensivem Blau sowie Blauviolett und von kleinen Bereichen in wärmerer Farbgebung.

109 »Weißes Haus in Taurel«.
Pastell auf Papier, 43×62 cm
Ich malte diese Landschaft über eine Reihe von Tagen, als die Nachmittagssonne schon tief stand und die Formen der drei Hügel vor mir mit all den harmonischen Details der Weingärten und der hügelabwärts auf Terrassen gepflanzten Obstbäume klar umriß. Die dunklen Formen der Baumgruppen bilden einen Rahmen um die offeneren Räume.
Das Licht läßt die runden Hügelkuppen aufblitzen, erzeugt dafür zwischen den trockenen Gelb- und Orange-Tönen und den tiefen Schatten an Stellen, an die es nie dringen kann, einen um so größeren Kontrast. Es versteht sich von selbst, daß für die reichhaltige Farbpalette die Unterzeichnung sehr umfangreich und akkurat angefertigt werden muß, um den Geist dieser einzigartigen Atmosphäre zu bannen.

110 »Hinüber nach La Billière«.
Pastell auf Papier, 42×75 cm
Ohne auf Klischees zu verfallen, ist flimmernde Hitze in einem Bild nur schwer darzustellen. Ich habe mich einer reichen Farbenpalette und verschiedener Tricks bedient, um den Licht- und Schatteneinfall auf diese Landschaft plausibel zu machen. Die Formen im Vordergrund wie die Gräser direkt vor mir erwecken den Eindruck von aufsteigender warmer Luft oder von Insekten, die in ihr tanzen.

111 »Blick durch die Bäume auf das Dorf«. Pastell auf Papier, 48×65 cm

Als ich diesen Blick malte, saß ich am Boden und fast schon im Wasser. Das Wasser und die Bäume, die verwirrende Farbgebung der jungen Blätter und das intensive Licht – all das verlieh der Landschaft eine geheimnisvolle Anmutung. Es passiert mir manchmal, wenn ich sehr lange und intensiv eine Landschaft betrachte, daß plötzlich mit den Farben, Formen und Linien seltsame Dinge geschehen. Ich denke mir, daß diese Art, mit einem Ort zu kommunizieren, äußerst wichtig für jeden Künstler ist. Da dieser Zugang aber sehr schwierig und in keiner Malschule zu erlernen ist, muß der Künstler oder die Künstlerin erst sehr viel über sich selbst lernen, bevor er oder sie diese Sehweise erfährt. Und er muß sich natürlich auch sehr darum bemühen.

Als Untergrund diente mir ein ockergelbes Papier, dessen Farbe ich mit gebrochenen Blau-, mit Grau- und Grün-Tönen überlegte. Damit wurden dann Details wie eine Gebäudeseite, die Uferböschung des Flusses oder ein Baumstamm gestaltet. Der Farbe blieb es auch vorbehalten, ihr Bestes zu geben, um genau dieses Gefühl, das ich an dem Tag und Ort hatte, ausdrücken zu können.

112 »Der große Feigenbaum«. Pastell auf Papier, 42×55 cm

Wir befinden uns im Hochsommer, und das Licht fällt senkrecht auf die Gruppe von Bäumen, Häusern und auf die Hügelketten ein. Das Blau, üblicherweise eine Farbe, die in den Hintergrund tritt, habe ich hier bewußt eingesetzt, um die Perspektive flach wirken zu lassen. Dies ist häufig der Fall, wenn das Licht, das die Sonne in ihrem Zenith ausstrahlt, sehr stark ist – besonders in dieser Jahreszeit, wenn das Gras seine Frische verloren hat. Dann nehmen auch die Berge sowie einige Gebäude die Farbe Blauviolett an, die Vegetation wird blaugrün. Die Zwischenräume zwischen den einzelnen Bildelementen, die Weite eines Gebäudes oder die Höhe eines Baumes hatte ich bereits vorher mit einer leichten Kohlezeichnung auf dem blaßgrauen Papier sorgfältig festgehalten. In dieser so genauen Zeichnung steckt bereits die ganz wesentliche Freiheit, später mit der Farbe umzugehen, wie ich will, denn sie hält das Wesen der Größenverhältnisse auf dem Papier fest: die Besonderheit der Gebäude, die sich an die Hügel schmiegen und die niedrigen Bäume, die sich der immensen Hitze eines Sommers im Süden bestens angepaßt haben.

113 »Ortschaft und Garten«. Pastell auf Papier, 36×52 cm
Dies ist eine Studie zum Lichteinfall, wobei das Licht, das diese kleine Gruppe von Gebäuden und den Garten erstrahlen läßt, eine »kubistische« Qualität erhält. Das Licht liegt auf den Häusern und Bäumen, während die entstehenden Schatten den Bildraum zerschneiden und aufteilen. Diesem Konzept entsprechen die Farbgruppen in warmem Braun und Ockerrot wie auch jene in Oxidgrün und Türkis.

114 »La Sesquière«. Pastell auf Papier, 38×55 cm
Hier habe ich mit Grau-, Rot-, Ocker- und Blau-Tönen einen dunklen Vordergrund aufgebaut, der die hellen Gebäude und den durch ein Schilfdickicht an einem Fluß sichtbaren, sich hügelan schlängelnden Weg gleichsam zu einem starken Reliefbild werden läßt. Die hohen Pflanzen schießen förmlich auf bis zum oberen Rand des Bildes und schaffen so eine Brücke zwischen Vordergrund und Horizont.

115 »Pic de Vissou«. Pastell auf Papier, 50 × 70 cm
Der Himmel – für den Maler immer eine der größten Herausforderungen – wölbt sich unter einer sorgfältig gezeichneten, ausdrucksstarken Landschaft. Weil sie dunkel ist, wirkt er wie aufgehellt.

116 »Compeyre«. Pastell auf Papier, 48× 65 cm
Malen hat für mich immer mehr mit Lernen als mit Herstellen von Bildern zu tun. Als Malthema reicht es zum Beispiel schon, wenn man ausprobiert, wie durch eine Handvoll Blätter, die man vor das Himmelsblau setzt, die Farbe des Himmels zu einem Tiefblau abgedunkelt wird. Oder es reizen die vielen Farben und Formen eines Feldes. In starker Beleuchtung werden alle Formen zu geometrischen Körpern, doch wie soll man die einzelnen Töne und Farben gegeneinander ausbalancieren? Die Farbentheorie besagt, daß eine Farbe dadurch »warm« wirkt, daß sie in Kontrast zu einer kühlen gesehen wird. Wie das aber in der Praxis umzusetzen ist, muß jeder für sich herausfinden. ▷

117 »Gelber Pfad«. Pastell auf Papier, 47 × 66 cm
Es ist für jeden Maler wohl am schwierigsten, seinem Bild eine Farbharmonie zu verleihen. Außerdem ist es immer wieder verblüffend, wie anders die Formen und Farben wirken, sieht man eine Landschaft aus unterschiedlicher Distanz, etwa einen Kilometer weit vom ersten Standpunkt entfernt. Das kann sowohl mit dem Licht, dem Tag oder auch der eigenen Stimmung etwas zu tun haben.
In meinem Bild bestimmt die Bildmitte durch warme Töne den Vordergrund und die Distanz; zwei Fluchtpunkte lenken das Auge im Bildraum hin und her. Deutlich halten sich die Gelb-, Rot- und Violett-Töne die Waage mit dem kühlen Grün, Blau und Grau.

118 »Telegraphenhügel«. Pastell auf Papier, 39×62 cm
Diese Landschaft diente mir als Übung zur Komposition und zeigt weit mehr als nur ein wunderhübsches Tal mit einer durch eine Sendeeinrichtung gekrönten Hügelspitze. Die zwei kleinen »Gipfelpunkte« lenken vielmehr das Auge nach rechts, der Vordergrund zieht es nach oben und nach links, so daß der Blick im Bildraum eine Kreisbewegung ausführt.

119 »Mai in den Weinbergen«. Pastell auf Papier, 48 × 68 cm
Ich saß am Fuße einer Trockensteinmauer, mit dem Blick in die Weinberge, und sinnierte, wie ich das Wirken so vieler Generationen von Wein- und Olivenbauern wohl malerisch ausdrücken könnte …

Die Landschaftsmalerei muß mehr sein als die Abbildung einer Landschaft: sie setzt sich mit deren Form, den Pflanzen, der Geologie und dem Wetter auseinander, das das Land ebenso formt wie der Traktor, der in langsamem Hin und Her die Furchen für die Weinstöcke zieht. ▷

120 »Hitzewelle«. Pastell auf Papier, 46×63 cm
Dieses Bild spricht eindeutig für sich. Der stark blaue Untergrund wurde fast auf die ganze Papierfläche aufgebracht, dann wurde fixiert und darauf weitergemalt. Siegerin über die Zeichnung bleibt hier die Farbe. Sie wurde rein verwendet und zum Teil in das Papier gerieben.

121 »Heller Mittag«. Pastell auf Papier, 38×27 cm
Die reine Farbe, direkt auf das rauhe Papier gestrichen und kaum eingerieben, ist in dieser nahezu abstrakten Komposition von äußerster Intensität.

122 »Ried am Morgen«. Pastell auf Papier, 37×54 cm
Die Landschaft zwischen München und Salzburg zählt für mich zu den schönsten in Deutschland. Es ist ein reiches Bauernland, gesprenkelt mit kleinen Ortschaften und Weilern. In den Obstgärten der Anwesen reifen Äpfel und Birnen, die später zum landschaftstypischen Obstbrand veredelt werden.
Das Thema meiner Komposition – nach einigen an einem frühen Herbstmorgen ausgeführten Skizzen im Studio zu Ende geführt – ist wieder einmal das Licht: Es fängt sich effektvoll auf den Hügelkuppen der alten Obstterrassen und schafft ein markantes Streifenmuster. Als nahezu einziges figürliches Element fungieren im Bild die alten Birnbäume; ihre Schatten betonen die Komposition und geben ihr die Richtung vor. Um die gewünschte Atmosphäre des frühen Morgens wiedergeben zu können, ist es nötig, die Farbtöne dieser Tageszeit genauestens zu beobachten und festzuhalten. ▷

123 »Dunkelgrüner Garten«. Pastell auf Papier, 30×53 cm
»Chiaroscuro« nennen die Maler die Technik des Hell und Dunkel, mit der man Bildern größtmöglichen Kontrast und damit auch Dramatik verleiht.

In diesem Gemälde sind die Farben sehr einfach, und die Komposition wirkt durch die rosafarbene Vertikale des Baumes vorne rechts und durch das blaßgrüne Licht oben links ausgewogen.

Eine genaue Vorzeichnung des Lichteinfalls wird bei derartigen Bildern nötig, und man muß schnell sein, bevor das Licht wieder wechselt. Ich notiere mir oft in einem Skizzenbuch rasch solche Lichtstimmungen – und ist auch noch so wenig Zeit, so sind doch Sorgfalt und detailliertes Arbeiten vonnöten, um später im Studio nach diesen Skizzen ein Bild fertig ausführen zu können. Auch muß die Einteilung der Grundfarben in dunkle und helle exakt erfolgen.

124 »Tisch im Schatten«. Pastell auf Papier, 38×55 cm
Diese Arbeit zählt zu meinen liebsten Bildern. Ich begann es, nachdem ich in meinem Garten an einem warmen Frühlingstag das Mittagessen eingenommen hatte. Der einfache Tisch und Stuhl wie auch die senkrechten Baumstämme müssen in ihrer Anordnung wie ein Intervall in einem Musikstück angesehen werden: Sie teilen die Bildoberfläche auf und lassen die starken Rosa-, Blau- und Grünkontraste miteinander in Beziehung treten, als sähe man durch ein Kaleidoskop.
Natürlich sind auch die Assoziationen, welche ein Tisch im Schatten mit Flaschen und Gläsern, Platten und Salaten darauf weckt, ein Bedeutung tragendes Element im Bild, denn sie implizieren Luxus und Vergnügen.
Dennoch lautet die eigentliche Aufgabe für den Maler bei einem derartigen Bild, das rechte Gleichgewicht zwischen der

dekorativen Qualität einerseits und den malerischen Anforderungen andererseits zu halten. Um diese Aufgabe zu lösen, müssen Farbe, Form und Anlage des Bildes zu einer untrennbaren Einheit werden.

125 »Domaine St. André«. Pastell auf Papier, 46×70 cm

Wie viele Maler wurde ich schon manches Mal von einem Malgegenstand völlig in Bann geschlagen, war geradezu von ihm besessen: Ich mußte das Objekt mehrmals malen, um herauszufinden, was an einem Ort, den wir Maler »atmosphärisch« nennen, so faszinierend ist. Ausschlaggebend sind manchmal gewisse Assoziationen: Beim Malen ist uns plötzlich irgendetwas erstmals aufgefallen – oder es war ein bestimmter Lichteinfall oder das Geräusch eines nahegelegenen Wasserlaufs …

Domaine St. André ist für mich so ein Ort, und ich habe ihn mindestens dutzendmal gemalt. Die Farben drängen sich mir förmlich auf. Das Haus, das im Schatten liegt, besitzt einen blauvioletten Ton. Dagegen fällt die Sonne voll auf das Dach des Hauses und hebt es von den schattigen Bäumen ab. Das Gras ist leuchtend, ja regelrecht giftgrün, und zeigt Streifen von Orange, blaue und smaragdgrüne Schatten. Die ganze Komposition wird von den Stämmen der alten Robinien in Segmente zerschnitten, wobei diese Stämme mit orangen Lichtflecken gegen das Violett gesprenkelt sind. Die Palmblätter, Treppenstufen und Baluster auf der Terrasse durchbrechen als dekorative Elemente die Geschlossenheit des Bildes, tragen aber ihren Teil zur sonnigen und mediterranen Stimmung bei. Maler schaffen aus all diesen Details ihre Werke wie die Komponisten aus einzelnen Tönen Musik.

126 »Brücke und Scheune«. Pastell auf Papier, 38 × 54 cm
Ich begann, den rötlichen Ockergrund – der mir aufgrund seiner Färbung als dem Motiv angemessen erschien – mit einigen dünnen Streifen Wasserfarbe zu überlegen, um die wesentlichen Elemente der Komposition vorzugeben. In der Tat erwies sich die Untergrundfarbe als Schlüsselfarbe im Bild: Alle anderen Farben wurden lediglich um diesen Ton »herumgelegt", was dem Ganzen Harmonie und Wärme gibt und den Raum klar definiert. Sehr schnell hätte auch die einfache Wirkung der Scheune verlorengehen können, hätte ich die ganze Fassade detailliert ausgearbeitet. Was deutlich bleiben sollte, das war die Massivität des Gebäudes.

127 »Junger Walnußbaum«.
Pastell auf Papier, 43×65 cm
Mit dem Blick nach Süden in einen perlmuttfarbenen Himmel – ein Anblick, der geradezu nach einer Wiedergabe in Pastell verlangte – arbeitete ich hier konzentriert den Raum um eine sehr dramatisch wirkende Baumgruppe heraus: zwei alte, vom starken Wind gepeitschte Mandelbäume und neben ihnen der junge Walnußbaum, wie ein Tänzer zwischen dem Gebäude und der Landschaft in der Ferne …
Die helle Weite ebendieser Landschaft steht in ihrer warmen Ausstrahlung dem im Vordergrund verwendeten Violett und Dunkelgrün gegenüber. Durch mehrere, aufeinanderfolgende Fixierungen, nämlich drei oder vier, konnte ich die Farbe so kompakt aufbauen, daß sie schließlich wie bei einem Ölgemälde in den Schatten dünn und an den Lichtstellen in dicker Schicht liegt.

128 »Pinienhain«. Pastell auf Papier, 31×41 cm
Unter diesen hohen, schattigen Pinien, die so sehr eins sind mit dem Charakter des französischen Südens, experimentierte ich mit den kühlen Farben am Horizont. Es sollte etwas von der Frühlingsfrische zu spüren sein, und die blassen Töne sollten im Kontrast zu dem warmen Rot, dem Braun und Violett in den Bäumen und den Schatten stehen. Blauviolett, Ocker und Pink harmonieren gleichfalls gut; ich benutzte einen harten, schwarzen Stift, um die breiten Äste deutlich einzuzeichnen.

129 »Blaue Stimmung«. Pastell auf Papier, 51×66 cm
Das große Haus auf dem Lande mit seinen alten Bäumen hat mich einmal mehr gereizt, es zu malen: Ein Hauch von Geheimnis und Schweigen liegt über diesem Ort und versetzt mich in eine Stimmung, die ich immer wieder visualisieren möchte. Ein kleiner Bach verläuft am Rande des Gartens; man kann sein Murmeln wie auch das Geräusch des Windes in den Bäumen vernehmen. Die blauen Schatten stehen Grün- und Rosé-Tönen sowie Spuren von Grundfarben gegenüber, was einer expressionistischen Malweise weit mehr entgegenkommt als einer realistischen. Dies und die exakte Einhaltung der Proportionen erlaubten es mir, gänzlich frei mit der Farbe umzugehen.

130/131 »Eifelstrom I und II«. Pastell und Aquarell auf Papier, 31×45 cm Während einer Schönwetterperiode in der Eifelregion erkundete ich auf Motivsuche zwei der vielen Täler und Flüsse dieses Gebietes näher. Ich hielt sie zunächst mit Wasserfarbe fest und begründete die Komposition mit starken Grundfarben wie Tiefrot und Tiefblau und hie und da mit dunklem Violett.

Einmal trocken – und das geht bei warmem Wetter fast zu schnell –, malte ich voller Lust über den satten, farbigen Untergrund. Dadurch konnte ich auch gleich mit einer kräftigen Pastellfarbe übermalen und etwaige Fehler in der Zeichnung einfach überdecken. Die Technik kommt Themen und Motiven, die stark beleuchtet sind oder von der reinen Farbe leben, sehr entgegen.

132–135 »Das rote Kleid«. Pastell auf Papier, 75×55 cm
Hier wollte ich eine liegende, nackte Gestalt malen – unter Ausnutzung des ganzen Papierbogens. Genauer gesagt, wollte ich erreichen, daß jeder Teil dieses Bogens der Komposition eine besondere Wirkung mitgibt, und das ist etwas ganz anderes als nur einen liegenden Akt zu malen. Ich »legte« daher förmlich meine Figur diagonal über das Papier: Kopf und Oberkörper befinden sich in der linken oberen Papierecke, und optisch entsteht der Eindruck von Länge wie auch von ruhiger Lässigkeit durch das ausgestreckte Bein unten im Bild.

Durch die Verkürzung des Oberkörpers in eben dieser liegenden Position mußte die Gesamtkomposition unbedingt stimmen. Eine Vorzeichnung war unabdingbar (Abb. 132), doch dann sah ich auch plötzlich Möglichkeiten, die Farbe unterstützend einzusetzen (Abb. 133, 134).

Der Gesamteindruck ist hell und blaß, wobei das Licht von oben rechts das Bett geradezu überflutet; die auf den lichten Grund geworfenen Schatten verschmelzen fast mit den Schatten der Haut-Töne (Abb. 134). Als sich zeigte, daß die Grundanlage so funktionieren würde, wie ich mir das wünschte, und auch das richtige Gefühl sich einstellte, konnte ich mich ganz auf diese Lichtflut über die Gliedmaßen einlassen. Hier bieten sich dem Pastellmaler und der Pastellmalerin großartige Gestaltungsmöglichkeiten.

Ich nutzte auch die Rauhheit des Papiers, indem ich eine Farbschicht über der letzten Schicht aufbrachte (Abb. 135). Die Gliedmaßen erhielten so Form und Gewicht. Dabei können Sie durchaus einen letzten warmen Farbton über den vorangegangenen kühlen Ton legen.

136 Das rote Kleid, das den Titel des Bildes vorgab und über einen Stuhl gelegt zu sehen ist, hält die Komposition zusammen und lenkt das Auge zum Körper des Modells hin.

137 »Die Italienerin«. Pastell auf Karton, 46×42 cm
Dieses Bild zeigt einen schnellen Vorstoß, mit Farbe und mit den Linien den Esprit des Mädchens auf das Papier zu bannen. Die Kohle fungiert hier als eigene Farbe. Ich verwende sie häufig, um Farbtöne abzuschattieren. ▷

l'Italienne

138 »Anne«. Pastell auf Papier, 54×36 cm

Bei diesem Akt hieß es schnell arbeiten, denn es ist schwer für das Modell, die gedehnte Haltung beizubehalten. Nach der Vorzeichnung der Grundlinien mit Kohle gab ich mit nur wenigen Farben die Form vor.

Pastellfarben sind ein ideales Medium, da sie schnell aufgetragen und dann mit dem Tuch, dem Finger oder einer anderen Farbe zusammengebracht werden. Als Untergrund diente ein handgearbeitetes, cremefarbenes Papier mit schöner Textur; man sieht sie noch, dort, wo in der Zeichnung die Farbe flächig über die Oberfläche gezogen wurde.

139 »Anne, auf dem Rücken liegend«. Pastell auf Papier, 55×36 cm
Wie eine Landschaft im Abendlicht zieht der Körper alles Licht vom niedrigen Fenster auf sich, so daß Rippen und Brüste, Hände und Beine deutlich hervortreten. Ich gebe zu, daß ich dem sehr akkuraten akademischen Stil der Aktmalerei nicht viel abgewinnen kann, denn es interessiert mich viel mehr, wie Licht und Farbe auf einem Körper liegen. Um aber mit der Farbe frei umgehen zu können, bedarf es schon guter anatomischer Kenntnisse. Die rote Decke stellt dabei die Schlüsselfarbe dar; erst nach dem schnellen Auftrag der Rot-Töne arbeitete ich am Körper mit hellen Tönen.

140/141 »Akt No. 1«. Pastell auf Papier, 72×53 cm
»Akt No. 3«. Pastell auf Papier, 75×55 cm

Den menschlichen Körper zu malen, war schon immer eine Herausforderung für jeden Künstler: Zum einen ist es äußerst schwierig, die richtigen Proportionen zu beherrschen, und zum anderen drückt jeder Mensch mit Hilfe seines Körpers so viele Gefühle und Regungen aus, die in ein Gemälde mit einfließen müssen. Daher scheinen mir die besten Aktbilder diejenigen zu sein, die diese ganz besondere Kraft in einem Bild zeigen, wo der Künstler einen Körper als Vehikel für irgendein Ideal einsetzt.

Auch für den Pastellmaler ist der Akt ein wundervolles Sujet. Er kann entweder als Umrißzeichnung mit einer einzigen Pastellfarbe gestaltet werden oder der Körper wird mit der Farbe heraus»modelliert«. Man nutzt die Pastellfarben, um das Spiel von Licht und Schatten auf der Haut zu zeigen und Glanzlichter zu setzen. Die Rundung einer Schulter, Brust oder die Wangenlinie werden mit blassen, flockigen Farbakzenten betont, während der gesamte Akt durch dichte, flache Striche Körperlichkeit gewinnt.

Viele der großen Maler haben Akte gemalt und mit unterschiedlichsten Maltechniken ihre Meisterschaft unter Beweis gestellt.
Meine Idee bei beiden Bildern war die, eine Abstufung von Farben zu finden, die sich in den Körpern der Modelle von der einen Seite zur anderen aufbaut und den Eindruck sommerlicher Wärme und Entspannung wiederzugeben vermag.

142 »Aktstudie in hellem Sommerlicht«. Pastell auf Papier, 62 × 52 cm
Das Gelingen vieler Porträts und Akte liegt in vielen vorangegangenen Vorzeichnungen begründet, in denen man ein Gefühl für den richtigen Fleischton erst entwickelt. Aber man muß schnell sein! Ganz besonders dann, wenn das Modell im Freien steht. Das Licht auf dem Körper wechselt ständig, daher ist mit schnellen und kühnen Strichen zu malen.
Matisse zeichnete völlig frei und verwendete eine Unmenge an Blättern Papier, bevor er sich mit dem Ergebnis zufriedengab.
Ich selbst fügte dieser Studie zwei weitere hinzu, bis ich die Pose gefunden hatte, die für ein groß angelegtes Gemälde zum Vorbild wurde, das ich zur selben Tageszeit begann.

143 »Terrasse und Palme«. Pastell auf Leinwand, 43×30 cm
Leinwand ist als Untergrund für Pastell nur geeignet, wenn sie sorgfältig über einen Rahmen gespannt und zudem vorbehandelt wurde. Für kleinformatige Studien und Gemälde ist außerdem eine feine Webart besser als grobes Leinen; zur Versteifung sollte man mit Leim oder mit Acrylgrundierung tränken, um die Leinwand fester zu machen. Ansonsten gerät sie aus der Form, was sehr irritierend sein kann.
Bei meinem kleinen Bild habe ich farblosen Leim verwendet, der klar ist, bestens aussteift und den Pastellfarben guten Halt bietet. Die reine Farbe und der breite, dekorative Effekt wie bei einer Gegenlichtaufnahme waren die Impulse, die es hier aufzugreifen galt. ▷

144 »Beim Make-up«. Pastell auf Papier, 37×27 cm
Mein Modell nützte für ihr Make-up das durch die Tür hereinströmende starke Licht. Die strengen vertikalen und horizontalen Linien der Tür und der Architektur im allgemeinen sind ideal geeignet, um die geschwungenen Körperformen gegen das Sonnenlicht im Garten abzuheben. ▷

145 »Frau mit roter Halskette«. Pastell auf Papier, 55×37 cm
Mit einem kleinen Stück Holzkohle legte ich die Komposition auf dem handgemachten, violetten Papier sehr großzügig an. Ich wollte erreichen, daß der Schwung dieses Kopfes, der sich gerade ins Licht dreht, und der Kontrast zwischen dem blassen Teint und dem schwarzen Haar und blauen Kleid lebendig und erlebbar wird. Manchmal ist es daher gerade gut, wenn Sie Ihre Gefühle so unmittelbar wie möglich und mit nur wenig Vorzeichnung, dafür aber mit möglichst frischen, unverfälschten Farben auf das Papier bringen. Mischen Sie dann lieber keine Farben untereinander.
Bei meinem Bild verwendete ich Kobaltblau über einem dunklen Preußischblau, um die Form des Körpers unter dem blauen Kleid anzudeuten und um zum Rot und Rosa im oberen Teil des Bildes einen Kontrast zu setzen. Die Schatten auf dem Kopf erreichte ich durch Verwendung zweier unterschiedlicher Violett-Töne, die auf dem Papier direkt gemischt wurden. Unbedingt sollte das reine Grün der Augenfarbe bestehen bleiben, ja sogar herausstechen, einfach deshalb, weil ich seine Wirkung auf dem Papier mochte. Die Plastizität des Kopfes modellierte ich mit einer Vielzahl von Ocker-, Pink- und Siena-Pastellfarben. Auch trägt die Ausgewogenheit von Violett und den diversen Blau-Tönen zusammen mit der Art, wie der Kopf auf dem Papier steht, dazu bei, daß hier ein geradezu aufregender Entwurf gelungen ist.

146–150 »Selbstporträt I«. Pastell auf Papier, 54×30 cm
Unter Verwendung eines sehr rauhen, grauen Papiers begann ich, mir wie gewöhnlich anhand von Skizzen und Studien das Bild langsam zu erarbeiten. Dabei hatte ich einen Einfall, dessen Fortführung sich lohnen sollte: Im Bild ist der rechte Arm hinter dem Körper und der linke Arm ruht auf einer unsichtbaren Stütze. Sofort entsteht das Gefühl, als würde der Körper nach rückwärts gezogen. Es herrscht eine Spannung, die sich durch den starken Lichteinfall von links und die dunklen Schatten auf einem Großteil des Kopfes und des Oberkörpers noch beträchtlich verstärkt.
Das Pastell wurde häufig zwischenfixiert, um weitere Farben über die zuerst aufgebrachten Töne legen zu können. Das bringt ein reiches Farbspiel hervor, und man kann mit den Wechselwirkungen der Farben experimentieren: Es entstehen sogenannte »zusammengesetzte« Töne, indem man eine gebrochene Farbe (eine, die die darunterliegende Farbe durchscheinen läßt) auf die vorherige Farblage aufbringt. Die Farbmischung selbst geschieht dann durch das Auge des Betrachters.

Sollten Sie sich an einem Selbstporträt versuchen, probieren Sie folgende Farben aus: Graugrün für das Gesicht, Rohe Umbra im Haar, tiefes Caput Mortem und Ockerrot in den Schatten, die der Kopf wirft, und einige blasse Ockertöne im Nacken und Gesicht – schon erwacht das Bild auf dem rauhen Papier zum Leben.

Schon in der anfänglichen Kohlezeichnung wird nicht allein das Layout für die Bildanlage gemacht, man erkennt auch schon an ersten Spuren, an welcher Stelle das Licht auf den Kopf fallen wird (Abb. 146). Nehmen Sie ruhig einmal ein Papier her, auf dem sich Vorzeichnungen zu einem anderen Motiv befinden: die Farbvorgaben können sich interessant und hilfreich auswirken.

Im nächsten Arbeitsschritt (Abb. 147) werden mit dunkelrotem Ocker erste Farbspuren des Kopfes durch Einreiben in das Papier vorgegeben – und mit Kohle die Schatten, die der Kopf über der rechten Schulter wirft. Nach dem Fixieren läßt es sich auf den dunkeltransparenten Tönen der Kohle recht angenehm weiterarbeiten.

Beim nächsten Arbeitsschritt kam es mir darauf an, ein Gefühl für die Formen zu entwickeln, die sich zum Licht und aus dem Licht heraus bewegen (Abb. 148).

Gleichzeitig baute ich die Oberfläche des Gemäldes auf. Dies ist ziemlich kompliziert, weil das Pastell, sollte es zu dick werden, abgerieben werden muß, was wieder viel bei den bisherigen Effekten zunichte macht. Daher heißt es, langsam zu arbeiten und die Formen in den aufgebauten Schichten richtig zu erahnen.

Die Schatten an Nacken, Nase und Augen verleihen dem Ganzen beträchtliche Strenge.
Im beendeten Bild (Abb. 150) hat der Aufbau von Formen und Farben große Dichte erreicht, und die Strichrichtung über das Papier erzeugt Geschlossenheit. Die Farben sind gleichsam verwoben, sie setzen Blickpunkte, was in den letzten beiden Stadien (Abb. 149, 150) gut zu erkennen ist.

GLOSSAR

Anlage des Bildes Ein anderer Ausdruck für Bildkomposition. Die Anlage geschieht meist mit breiten Pinselstrichen oder mit Zeichenkohle. Sie betont die wesentlichen Umrisse und Formen.

Asymmetrie Siehe auch Symmetrie. Die Abwesenheit von Symmetrie in einem Gemälde kann Bewegung, aber auch eine unruhige Atmosphäre schaffen – jeweils davon abhängig, wie die Asymmetrie angewendet wird. Manche Künstler erzeugen diesen Effekt durch die Verwendung bestimmter Farben, andere durch ihre Zeichenkunst.

Begrenzte Farbpalette Für den noch nicht so routinierten Maler ist es die einfachste Art, mehr über die Farbe zu lernen, wenn er anfangs nur wenige Farben verwendet. Die klassische begrenzte Palette besteht nur aus den Farben Ockergelb, Ultramarinblau und Gebrannte Siena. Die Zahl der exquisiten Kunstwerke, die damit ausgeführt wurden, ist Legion.

Bindemittel in Produkt oder Material, um Pulverpigmente zusammenzuhalten. Beim Pastellbild übernehmen die Kreide und etwas Gummiarabikum diese Aufgabe, beim Aquarell ist es das letztere Medium.

Buntstifte (Farbstifte) Sie sind in der Herstellungsweise den Pastellen sehr ähnlich.

Chiaroscuro Siehe Hell-Dunkel-Effekt.

Farbenkreis In der Farbtheorie sind die Primär-, Sekundär- und Tertiärfarben (siehe auch dort) in Kreisform angeordnet.

Farblagen Bei der Pastellmalerei unterscheidet man mehrere Farblagen: Von der ersten Lage, *dem Farbuntergrund*, bis zur *obersten Farblage*.
Beim Farbuntergrund folgt auf die Anlage mit Zeichenkohle, Rötel oder Kreide (siehe dort) ein sorgfältiger Aufbau der Pastellfarben. Die einzelnen Farbschichten werden fixiert. Die Farben des Untergrundes sollten so gewählt werden, daß sie mit denen der oberen Schichten eine Verbindung eingehen. Siehe auch die Punkte Übereinanderlegen von Farben und Übermalen von Farben.
Für die oberste Farblage verwendet der Pastellmaler oft eine reichhaltige und reine Farbe, die er über die Untergrundfarbe legt.

Gebrochene Farben Man erzielt sie durch den Kunstgriff, die Pastellfarben so aufzutragen, daß die Pigmente nur auf einem Teil der Trägeroberfläche haften. Das gelingt natürlich am besten auf einem Papier mit rauher Oberfläche. Das Auge des Betrachters »mischt« dann die auf- mit den darunterliegenden Farben.

Gesättigte Farben Das sind die reinen, unverdünnten Farben, zum Beispiel ein tiefes Blau.

Grund-Farben Die Untergrundfarben, mit denen der Bildträger bereits versehen ist, wie zum Beispiel koloriertes Papier oder Aquarellmalerei als Untergrund. Nicht zu verwechseln mit den Grundfarben, den Primärfarben (siehe dort). Siehe auch Farblagen.

Hell-Dunkel-Effekt (Chiaroscuro) Ein Begriff aus der Maltechnik der altitalienischen Meister: Diese Technik wird gewöhnlich bei Gemälden mit starken Farbkontrasten verwendet.

Highlight Lichtreflexe, wie etwa auf einem Gesicht, auf Glas- oder Metallgegenständen, werden jeweils mit der blassesten Farbe auf der Palette angedeutet.

Hintergrund Der Bildteil, der für den Betrachter scheinbar am weitesten entfernt ist. Oft bildet er den Untergrund für die herausragende Farbigkeit im Bild.

Kalte und warme Farben Die richtige Verwendung gehört zu den essentiellen Aufgaben des Künstlers. Obwohl allgemein bekannt ist, daß Rot-, Gelb- und Orange-Töne zu den warmen Farben, Blau, Grau und Blaugrün zu den kalten Farben zählen, muß doch jeder beim Malen die relativen Warm- oder Kaltwerte selbst erproben.

Komplementärfarben Sie liegen sich auf dem Farbenkreis jeweils direkt gegenüber und sollten auch ganz bewußt so verwendet werden: Der korrekte Umgang mit den Komplementärfarben (wie z. B. von Orange und Blau) ist ein wichtiges Werkzeug für den Künstler.

Künstler-Pastellfarben Aus Pigmenten, Kreide, Talkumpuder und Gummiarabikum bestehende Mischung, aus der sich weiche Pastelle herstellen lassen. Für gekaufte Farben gilt, daß der Härtegrad vom jeweiligen Hersteller abhängig ist. Keines der Produkte ist jedoch so hart wie Buntstifte.

Lichtbeständigkeit von Farben Sie bezieht sich auf die Lichtbeständigkeit des jeweiligen Pigments oder der Pigmente, aus denen die Farben bestehen. Nicht beständige Farben wie etwa Alizarin karmin verblassen sehr schnell. Die Hersteller geben die Beständigkeit mit Skalen von 1–5 an. Darauf ist beim Kauf zu achten, will man an seinen Bildern lange Freude haben.

Medium Dieser Begriff hat im Deutschen zwei Bedeutungen: 1. Malmittel: Öl oder Gummiarabikum, dazu verwendet, Farben anzumachen oder zu mischen. 2. Malmaterialien/Farben: Dazu zählen die Pastell-, Wasser-, Acryl- und Ölfarben und viele mehr.

Öl-Pastellfarben Sie bestehen aus Pigmenten, Ölen und Wachsen, die in Stiftform hergestellt werden.

Opake und transparente Farben Bei der Pastellmalerei sind fast alle Farben von ihrer Natur her opak, also nicht durchscheinend; jedoch können Zeichenkohle oder einige wenige, sehr reine Farben, die in den Untergrund hineingerieben werden, transparentere Wirkungen haben.

Passepartout Einfassung eines Gemäldes oder einer Zeichnung mit einem säurefreien Karton, der dem Schutz des Bildes dient. Die Winkelflächen der Ecken weisen meist einen 45-Grad-Winkel auf.

Pastellstifte Harte, oft rechteckig geformte Pastellfarben (Carré-Conté-Stifte), hergestellt von den Firmen Faber-Castell und Conté. Sie enthalten weniger Kreide als die Künstlerpastelle, sind in einer ausdrucksstarken Farbtonpalette erhältlich und eignen sich gut zum Zeichnen und Ziehen von Linien.

Pigmente Grundlage aller Farben aus einer Vielzahl tierischer, mineralischer oder pflanzlicher Quellen. Die ältesten verwendeten Pigmente sind die Erdfarben. Pigmente werden meist als Pulver verkauft und dann mit Bindemitteln (siehe dort) angemacht, um eine bestimmte Farbe zu erzielen.

Primärfarben Dies sind die Farben Rot, Blau und Gelb.

Proportionen Die richtigen Verhältnismaße in einem Gemälde. Üblicherweise wird die Fertigkeit, die richtigen Proportionen einzuhalten, bei der Stillebenmalerei erlernt. Beim Malen nach der Natur gibt es hierbei oft Probleme.

Schlüsselfarben Die dominierenden Farben eines Bildes, die für dessen Stimmung verantwortlich sind.

Schneller Farbauftrag In der Pastellmalerei wird die Anlage der Grund-Farben (siehe dort) sehr flüchtig, gleichsam skizzenhaft, vorgenommen. Dann fixiert man das Bild und arbeitet daran weiter.

Sekundärfarben Das sind die drei Farben, die sich ergeben, wenn man die Primärfarben mischt: Grün, Orange und Violett.

Symmetrie Hier werden die Bildelemente einer Komposition spiegelbildlich aufgebaut: Die rechte Bildhälfte ist wie die linke oder der obere Bildrand wie der untere. Oft ergibt sich dadurch eine sehr statische Bildstimmung.

Tertiärfarben Das sind die Farben, die sich gemischt aus den Sekundärfarben ergeben.

Ton-in-Ton-Malerei Manchmal auch als Grisaille-Malerei bezeichnet, wird hier die ganze Palette der Nichtfarben von Weiß bis Schwarz durchgespielt. Genauso kann aber auch Sepia in allen Abschattierungen zur Verwendung kommen.

Übereinanderlegen von Farben Im Gegensatz zum Zusammenbringen von Farben (siehe dort) werden zwei unterschiedliche Farben überlegt, die gemeinsam zur Wirkung kommen sollen. Beim Pastellbild überlegt man immer eine gebrochene Farbe (siehe dort) über eine hellflächige Farblage.

Übermalen von Farben Meistens werden erste Farblagen, die bereits fixiert sind, übermalt. Im Gegensatz zum Übereinanderlegen – wo die dünn aufgelegte obere Farbe mit der unteren reagiert – wird beim Übermalen die darunterliegende Farbe gänzlich abgedeckt.

Vordergrund Er ist zwar nicht unbedingt der Bildteil, der dem Betrachter am nächsten scheint – aber er ist derjenige, der das Auge des Betrachters ins Bild hineinzieht.

Zusammenbringen (Verschmelzen) von Farben Das ist die Technik, Pigmente so auf den Trägergrund aufzubringen (ob mittels Reiben oder Mischen), daß ein Farbton unmerklich in den anderen übergeht.

151 "Kapelle in Rongas". Pastell auf Papier, 48×70 cm
Für dieses großformatige und vielschichtige Bild benötigte ich mehrere Tage. Ich malte draußen, und die niedrigstehende Wintersonne ließ mit verblüffender Klarheit einzelne Facetten und Details aus dem tiefen Tal heraus aufscheinen.
Die alte Kapelle St. Maurice – in Grau, Blau und Violett gehalten – gerät gegenüber den leuchtend hellen Stengeln der Winterpflanzen, den Weinranken und Pfirsichbäumen im alten Weinberg ins Hintertreffen.
Gerade das aber lag in meiner Absicht: So romantisch die Kapelle auch sein mag, ist sie doch nur ein Element in einer groß angelegten Komposition; es wäre falsch gewesen, ihr mehr Gewicht zu geben. Das Auge wird vielmehr hinter die Kapelle nach unten geführt, dann nach rechts und an einer Linie von Licht entlang, um schließlich in die flache Landschaft einzutauchen, wo sich das Tal zu einem prächtigen Haus hin verengt.
Vom Haus weg wandert das Auge zurück nach links, über Erhebungen und Täler einer recht bewegten Hügelkette. Die tiefstehende Sonne folgt deren Formen, akzentuiert hier die Baumspitzen und malt dort gelbe Lichtflecken auf alte Steine. Auch die dunklen Zypressen tragen das ihre zur Steigerung der Lichtwirkung bei und bilden eines der Grundmuster der Bildanlage.

